近代日本とキリスト教

大濱徹也

同成社

はじめに――キリスト教から日本の近代をみる――

日本に伝えられたキリスト教とは何なのでしょうか。この課題に向き合うべく、日本という歴史的空間に伝えられたキリスト教の相貌を検証し、日本の近代とはどんな世界かということを考えたいと思います。

目次

（カバーの写真：日本基督教団札幌教会）

近代日本とキリスト教

序　章　歴史を読み解く作法

歴史に向き合う眼

過去は見ればみるほど遠くが見えてくる。要するに過去を知れば知るほど、これから先の遠くを読み取ることができる。それが歴史を知ることの意味だと思います。

これまでに書かれたいくつかの日本キリスト教史は、日本という歴史空間に根ざした教会、キリスト者の信仰協同体を歴史的に解明するという場から描かれたものではなく、ある神学的課題意識、己がプロテスタントたることの証、その信仰なるものがいかに正当なものであるかを歴史として証するべく、ある種の神学的言説を借用して編まれたものにすぎないように思われます。

思うに人間にはそれぞれ固有の抗体があるように、民族にはそれぞれの文化的抗体があり、外からもたらされた信仰をはじめとする文化や思想などの外来文化、外来思想はそれらの抗体に出合うことによって、屈折し変容されながらさまざまに受容され、各民族が持つ体臭にとりこまれた文化としての容《かたち》がつくられます。ここで言う文化とはある種の「暮らしの容」と言えるもので、信仰もこのような文化の容に規定され固有の相貌をあらわします。ここに問い語る信仰とは、人間の営みを規制する心の働きに強く作用するものです。

日本に伝えられたイエスの福音、キリスト教はこのような視座から視ると、どのような位相を呈しているのでしょうか。本書で問い質すのは、ある種の神学的課題意識、当世流のイデオロギーに呪縛されたキリスト教史ではなく、時代人心に翻弄されながら、日本という大地に生きた、生きようとした「キリスト者」の相貌です。

江戸後期の儒学者荻生徂徠は、出羽庄内鶴岡藩酒井家の家老水野元朗（明卿）と疋田進修（子業）の問いに、徂徠の応答を認めた『答問書』において、歴史を学ぶべきことを説き、政治家に求められるのが「飛耳長目」であると説きます。歴史を学ぶにあたって大事なのは、聞こえない遠くのことを聞く耳であり、見えないものを見る目だということです。要するに、想像力を持つこと。すなわち、歴史を読むことによって明日を見るのは、想像力の産物だと言うのです。言い換えると、歴史を描くという作業は、対象とする時代に同伴することで時代人心の在り方を想像し、ひとつの物語を思い描き出す、構築する、創造していく営みです。したがって明日をどのような世界として思い描くかで、歴史の書き方は違ってくるのです。

昭和四十五（一九七〇）年頃より、日本の歴史の捉えかたをめぐって、戦後の歴史理解を自虐史観だと声高に論難し、否定しようという動きが起こっています。この発想が不幸なのは、ある正しい歴史を覚え込めば歴史がわかるという思い込みがあることです。私が、おりにふれて説き語るのは、自分の国の歴史を己の言葉でしゃべれるかどうかが問われている、ということです。一人ひとりが、己の帰属する「国の歴史」を自分の言葉で語れるようにするのが、歴史を学ぶということではないか。歴史を語るというのは、明日をどのような世界として思い描くかによってそこに提示される歴史像は異なりますが、そこで問われるのは、ある時代と併走し、追体験をしながら、その時代を理解しようとしているかどうか、ということです。

内村鑑三は「実験」ということを盛んに言いましたが、彼は『太平記』が好きで、『太平記』の物語に自分が入り込むことによって、その時代を追体験しながら、そこに語られた世界が現在何を問いかけているかに眼を向けています。それが楠公楠木正成によせる思いであり、赤穂四十七士の大石良雄にみる忠誠心に託して十字架のイエスに向ける眼差しです。我らの信仰は楠公や大石のごとくイエスに忠誠を尽くさなければならない、と言うのです。まさに内村は大石の信義に己の信仰を重ねて追体験しながら、キリスト者たる我の場を歴史として問い語っています。そういう追体験をすることで歴史を描くことが必要だと言うのです。

しかし、私たちが歴史を見るにあたり、現在の場からは過去が見えますが、その見える場に立って過去を断罪し、限界を指摘・告発するという歴史を読み解く作法、歴史の後智恵ともいえる言動が、しばしば横行しているように思われます。だが、こうした歴史の描き方ではなく己の存在する場を読みとくには、時代人心に併走し、生活と暮らしのかたちである文化とは何かを問い質す眼が、ひたすら求められます。

そうした視点から、いくつかの日本のキリスト教史を見ると、現在の社会的・政治的な問題を神学的な課題であるかのように思いみなし、時代のある種の流行的な言説によせて「信仰」を声高に説いていくようなものが多いのではないでしょうか。己が思いと異なる者の信仰の在り方を糾弾し断罪し、己の「正義」たるゆえんを説く風潮が広く見られるように思われます。

かつては文明の宗教としてのキリスト教だったわけですが、戦後は民主主義を担う宗教となる。そうなると、明治期には自由民権運動という市民運動の先駆とも言えるものにキリスト教がいかに貢献したかを語り、キリスト教史をプラスに描こうとする。己の信仰の軌跡を日本キリスト教史として描く、等身大のキリスト教史ではありません。しかも、今のときからならば過去が読みとける、そういうなかでの読み方。だから、あの出来事はあそこに限界があったという指摘をしますが、いわば歴史の後知恵的な見方です。しかもそこはきわめて神学的なドグマに彩られていて、過剰な政治神学に翻弄されています。

その典型的なものが、戦後のキリスト教史で盛んに言われる天皇制、あるいは天皇制教育です。戦前の日本のキリスト教は天皇制によって抑圧されたと言い、天皇制に対峙する信仰の弁証を日本キリスト教史に託しているわけです。その人たちは天皇制絶対主義と言い、天皇は専制的だと言いますが、それ以上には何も具体的なイメージは出てこない。天皇制という言葉がいつ生まれたかもそこでは書かれていません。

もともと天皇制という言葉は翻訳語で、コミンテルン（世界の共産主義革命を行う指導組織）が日本の共産党に対して出した一九三二年テーゼの翻訳にあたって「天皇制打倒」と記されたのが文書に書かれた初めてです。それまでは「日本の君主制と闘え」とありました。君主制と天皇制は同じではありません。天皇制と言われる特殊日本的な君主制度。天皇を頂点とする君主制のときに、天皇制という概念のなかで言われるのは、万世一系の皇統というかたちで、他の君主制、帝王とは違うという主張があります。

しかし天皇家は、日本の君主制が立憲君主制という枠組みに位置づけられていくなかで、あくまで一般君主制という発想で己の場を理解しようとしていたのではないでしょうか。いわば天皇は、「天子」として宮中三殿の祭りなどを行う「祭司王」ですが、政治的存在として万国が共有してきた「皇帝」とみなす発想でその存在を確認している。それゆえ、公式の文においては、対外的には皇帝であり、対内的には天皇との呼称を位置づけているのです。とはいえ対内的にも臣下に感状を出すときには「日本国皇帝」と記すこともありました。明治期には、「公文式《こうぶんしき》」の規定にかかわらず、「皇帝」「天皇」の呼称が混在していたのです。

そうした状況にあって、日本の共産主義運動のほうでは一九三二年テーゼで天皇制が出てきて、これが走りだします。矢内原忠雄など無教会のクリスチャンは天皇制という言い方に強い不快感を抱きました。ロシアのツァーリズムみたいな印象を持ったのです。

一方、宮内省は、外務省からの通知を無視し、自分たちのほうはもともと対外的に「皇帝陛下」と言っていたからそれでいいとして、従来のままEmperorでつらぬきました。国体論的な閉ざされたナショナリズムに対して、それなりに開かれた感覚を持っていたのです。そのあたりを理解しないで、一瀉千里にすべて天皇制に染まったとしてかたづけていくと、とんでもない落とし穴にはまることとなります。

明治のクリスチャンたちは、天皇を制度的枠組みに取り込み「天皇制」を位置づけていく「文明の作法」に対して、「文明の使徒」として共鳴し、強いシンパシーを持っていました。いわば「天皇」を制度的枠組みにすることで国家の容が整備されてくる過程は、「文明の宗教」であるキリスト教が受容されるのと同じ道程であったといえましょう。そのため初代キリスト者は天皇なる存在に共振する心的世界で生きていたのです。まさに「天皇」の制度的確立とキリスト教は文明の受容として同時的に展開したにほかなりません。

ここにみられる「文明」を命題にした国民国家形成の枠組みが読み取れないまま、「天皇制」なる呪文ですべて分かってしまったつもりでいると、かなり錯覚を起こすでしょう。そこに提示された言説は、日本近代の在り方を西欧近代の理念をキリスト教が代弁しているると思いみなし、何かというと「天皇制」を弾劾する短絡的な歴史像でしかありません。そうした意味では、日本の君主制が持っていた、ある一般君主制的な性格を頭に置きながら、天皇と天皇制といわれる特殊日本的な、国体論的君主制に対してキリスト者はどんな距離をとっていたかを理解し、キリスト教史を読みなおす必要がありましょう。

第一章　攘夷——文明との出会い——

一　攘夷―文明への眼差し―

明治期のクリスチャンと楠木正成

皇居前には馬上姿の楠木正成の銅像が立っていますが、新島襄は楠木正成に心酔していました。京都御所の裏に今も保存されている新島襄私邸の書斎に入ると、「嗚呼忠臣楠子之墓」という湊川神社にある墓碑の拓本が壁に架けられています。かつて日本のクリスチャンには楠木正成を好きな人が多くいました。それは明治維新の問題と深く繋がっています。

新島襄は、文久二（一八六二）年、備中高梁《たかはし》藩の船に乗り航海訓練のために神戸にやって来ますが、その折のことを記した『玉島兵庫紀行』には次のような一節があります。

石碑に左楠公の墓と記してありし故、左ニ曲り数歩行けば一筋の道あり、双方は皆平田にして、北に向二町程も行けば松樹青々として、内に楠廷尉の廟あり。此ニ於て手洗ひ口そゝき廟前に拝すれば、何と無ク古を思ひ起し、嗚呼忠臣楠子之墓と記したるを読みて一拝し、又読みて一拝、墓後に廻り朱氏の文を読めば益感し涙流さぬ計なり。其より廟畔に徘徊すれば、時々寒風吹来り、松ニにす《（そ）》よげば忽ち思付、幾とせも尽ぬ香を吹よせて袖にみたす松の下風、と吐出けり（廷尉とは検非偉使のこと―引用者註）

新島はそこで涙を流さんばかりに感激し、次のような漢詩を作ります。

詣楠子湊川社
英雄一去委塵埃　荒塚年々長碧苔　栖鳥亦知千古恨　林頭啼向夕陽哀
（楠子湊川社を詣でる／英雄一たび去りて塵埃に委ねる　荒れ塚年々長き碧き苔　鳥栖みて亦知るや千古の恨み　林頭啼いて夕陽に向かいて哀しむ）

これが新島襄の原点と言えます。彼は書斎に掲げた「嗚呼忠臣楠子之墓」の拓本を眺めながら、日本をキリスト教化するにはいかにすべきか、考えたのです

また、内村鑑三は、『基督信徒のなぐさめ』を授業で講義し、「楠木正成の湊川における戦死は決して権助の縊死にあらざりしなり（福沢先生明治初年頃の批評）」と語っています。これは福沢諭吉が『学問のすゝめ』の中で、楠公が死んだのは、権助が金を取りにいって失くし、それで死んでしまったみたいな、じつにくだらないものだ（楠公権助論）、と言ったのに対して反論した言葉です。

南朝は彼の戦死によりて再び起つべからざるに至れり、彼の事業は失敗せり、しかれども碧血痕化五

百歳ののち、徳川時代の末期に至て、蒲生君平高山彦九郎の輩をして皇室の衰頽を歎ぜしめ勤王の大義を天下に唱えしむるにおいて最も力ありしものは嗚呼夫れ忠臣楠氏の事跡にあらずして何ぞや、ボヘミヤのハッスまさに焼殺せられんとするや大声呼でいわく「我死するのち千百のハッス起らん」と、一楠氏死して慶応明治の維新に百千の楠公起れり、楠公実に七度人間に生れて国賊を滅せり、楠公は失敗せざりしなり。

基督の十字架上の恥辱は実に永遠にまでわたる基督教凱陣の原動力なり、基督の失敗は実に基督教の成功なりしなり。

北海道の函館山に行く途中、戊辰戦争の最後の戦いである箱館戦争で死んだ者の遺骨や遺品を、一年ほど経って埋葬した地に碧血碑がありますが、碧血というのは王に諫言をして死んだ忠義の臣の死後その血が碧玉となったという中国の故事によるもので、楠木正成の忠義の血が固まって五百年のちに維新の志士たちが生まれてきたのだ。正成は湊川で死にその事業は挫折したけれども、その精神は五百年後に時代を動かし勝ちを得た、というのです。また、ハッスとはボヘミヤにおける宗教革命のときに殺されたフスのことですが、そのあとフス戦争が百年続きます。それらはキリストの事業は十字架の恥辱で挫折したけれど、現在キリスト教として世界に広がっているのと重なっている、という思いが内村のなかにはずっとあったのです。

明治維新の志士たちは皆、楠公に倣おうとしました。文久二年、寺田屋騒動はじめ尊攘運動に殉じた人びとの慰霊祭が楠木正成の命日に大坂で行われますが、これが楠公祭の初めです。現代でも反体制運動の中で死んだ人物があると、その人物をシンボル化して運動を活性化させようとする動きが見られますが、同じです。逆に国家権力はそうした死を英雄化させないことによって革命への芽を摘もうとします。まさに楠公はそうした存在で、頼山陽の『日本外史』が幕末の志士たちに盛んに読まれた理由もそこにあります。楠木正成の忠義の死にはある種の共鳴板があり、それは明治になって国家に対するひとつのイメージをつくりました。

新島や内村はそうした形でキリスト教を捉えました。日本が欧米列強に取り囲まれていつ植民地にされるかわからないという危機感のなかに生きていた人たちは、「日本」をそこに見出したのです。

明治維新を生み出したのは、この楠公信仰と南朝顕彰運動（南朝顕彰運動のなかで創建されたのが鎌倉宮などの建武中興十五社）、それから神武天皇信仰です。これが御一新とか復古革命の原点です。だから維新政府が最初に行ったのは楠社（湊川神社）の造営でした。そのあとに制定した祭りが神武天皇祭と天長節であり、次いで橿原神宮の造営になります。

新島襄のキリスト教信仰

新島襄は箱館でロシアのニコライ家の家庭教師を勤め、子らに日本語を教え、それと交換に英語を習います。箱館にはロシアの病院がありましたが、新島はこの病院を視察に行きその優れていることに驚きます。例えば医者が毎日患者の見回りをしたとき、ベッドのところに置いてあるカルテに薬の名や症状を書いておく。すると看護師がそれを見て投薬したり食事を与えたりする。そうした様子を見た新島は『函館紀行』に次のように記しています。

予切に嘆ず、函楯の人民多年魯の恵救を得ば、我か政府を背にし却て汲々として魯人を仰かん事を。嗚呼魯の長久の策を我政府察セさるは何ぞや。茲に堤堰あり、水是を破る事少許、然し少許なるを以て早く是を収めされば、水遂に全堤を破り、田地を荒らし、人家を流かし、人民を害するに至らん。嗚呼我政府早く函楯の少しく欠けし堤を収めされば、遂に魯国の水全堤を潰ヤし、人民水に順ひ流れ、百万其レを塞ぐ能わさるに至らん。

ここには、このまま行けば皆ロシアびいきになり、気づいたときには箱館はロシアのものになってるのではないか、という危機感があります。そして、このように力のある国がどうやってその力を獲得したのかを知る必要があると考え、密出国してアメリカに行くのです。そのアメリカに密航するときの思いを「武士の思ひ立田の山紅葉錦きさればなと帰るへき」と歌に詠んでいます。

新島はアメリカに行く船のなかで『ロビンソン・クルーソー』を読み、神に祈ることを学び、漢訳の聖書を読むなかでキリスト教の信仰に目覚めますが、キリスト教に出会ったときに読んだのが「天神《あまつかみ》の書き残したる玉章《たまづさ》の尊き教へ学び得まほし」という歌です。天神の書き残したる玉章、すなわち聖書にこそ文明の原点があると考え、クリスチャンになって日本にキリスト教学校を作らなければならない、との思いから宣教師になり、日本に帰るのです。

ここで問題となるのは、彼がそこで発見した神とは何なのかです。この時期にクリスチャンとなった日本人たちは、はたして自分たちの発見した神をどのようなものと理解したのか。造物主たる神を、本当に不可知なる存在、絶対他者として見たのだろうか。これが近代日本のキリスト教における、そもそもの大問題なのです。

まず、彼らはその神をどのように訳すかで、大変な苦労をします。英語における「神」は「God」ですが、日本語の神を英語で記すと「god」でしかない。それゆえ近代初期の日本人クリスチャンたちにとって、神を日本語で記すのはきわめて悩ましい問題でした。新島襄が父親に送った手紙のなかで、自分の信じた神を表現するのに、「大神」とか「天神」「真神」「独一真神」「天上独一真神」「天父」など、じつに苦労して、さまざまな表現をしています。

キリシタン時代のイエズス会も苦労はしましたが、彼らは気づいたのです。「神」を表すのに天帝とか天道という概念を使うと、日本人の考える天道と区別がつかなくなってしまう。それで彼らの智恵として、イエズス会の信仰的な原理に関わる言葉はすべて原音で表わすことにしました。神はデウス、天国は「極楽」ではなくてパライソとしたのです。

キリシタン時代の日本と明治期のキリスト教

ここですこし、十六世紀、キリシタン時代のことに触れておきましょう。

日本のキリスト教は、一五四九（天文十八）年にイエズス会士ザビエルの布教で始まりますが、十六世紀はキリシタンの時代といわれるぐらい猛烈な勢いでキリスト教が広まりました。現在、日本のキリスト教人口は全人口の〇・八％にすぎませんが、ザビエルのいた十六世紀は、一五六九（永禄十二）年に二万六五〇〇人だったのが十年後には約一〇万人になっています。さらにその十年後には二〇万人と、倍倍ゲームで増えていきます。どうしてイエズス会はこれほどの勢いで布教できたのかといえば、その背景として、ひとつは伝道において日本順応策をとったことがあります。原理的なものはきびしく守るが、組織原理においては講的結衆原理を取り入れてコンフラリアという信心会をつくります。日本のキリシタンたちが弾圧に対する危機感を覚えながら、ミゼリコルジャの組とか、マリアの組といったコンフラリアを各地に組織していきます。そしてこれが殉教に備えるから、禁教下になるとコンフラリアが核になってキリシタンの村が残ります。禁教下では多く禅宗系の寺が氏寺として建てられますが、たとえば寺が葬式をやると、坊さんが帰った後で経消しのオラショを唱えて彼らの埋葬をしたりしました。

イエズス会は日本の本願寺の講をもとにして自分たちの組織であるコンフラリアを日本に作ったのです。本願寺は蓮如のときに大教団になりますが、布教した地域の人びとを門徒にし、寺の坊主と乙名百姓という共同体のリーダーを門徒にすれば、一村が門徒になります。そして講をつくらせます。蓮如はその講から問い合わせがあると手紙を出しますが、これが御文《おふみ》と言われるものです。新約聖書におけるパウロの伝道の書簡はまさにそういうものでした。それぞれの教会がそれぞれ抱える問題に答えて手紙を出しましたが、蓮如の御文も同じでした。村では御文が来ると、乙名百姓が門徒たちを家に集めて読んでやります。一向宗であるが故に弾圧されたので、仏間になっている奥の間が集る場所でした。北陸の古い寺はそういう乙名百姓の家が寺になったものです。

この十六世紀という時代は、荘園制度が解体して戦国の世になり、それまでの荘園的枠組が崩れるなかで新しい社会秩序がつくられます。そうした社会にあって蓮如は講をつくって本願寺の基盤を固めていきましたが、そのような時代に、イエズス会も伝道することによってイエズス会の信仰を伝えました。だから倍倍ゲームで信徒が増えたのです。

講のなかにはリーダー的な女性がいて、その人が寡婦を組織するなどしましたが、キリシタンの町になった長崎では、そうしたものが町全体を覆っていました。そのように民衆のなかに入り込みながら、一方では大名たちを改宗させ、たとえば大友の領国を全部キリシタンにしていく、という二つの方策をとっていました。

宣教師のヴァリニャーノが日本の日常の作法について書いたものを見ると、たとえば宣教師のところに小者が使いに来たときには門から内に入れないで門口で受け取る。もう少し上のクラスの人間が来たら玄関まで入れる。誰でも簡単に中に入れてしまうと、武士など身分の高い人間は反発するからだと、そうしたことを克明に書いています。そして日本語になるべく合わせるかたちで教理問答をつくり、さらに大道寺だとか南蛮寺をつくる。キリシタンの時代には宣教師の優れた日本理解、日本研究があり、その一方で日本社会自体がキリシタンを受け入れる時代だったのです。

また、天道という概念が出てきて、天道に認められると信長のように王になれる。キリシタンたちは、天道とはわれらのデウスに近いものと理解します。この天道という概念が流行ったのがこの十六世紀です。そうした精神的な秩序解体と、新しい秩序が生まれてくる状況のなかで、イエズス会はコンフラリアを、本願寺は講を、というかたちで新しい社会を秩序づけていったのです。

開国から明治維新にかけての時代もそうした大きな転換点の時期で、まさにイエズス会が活躍したキリシタンの時代のような雰囲気だったと言えましょう。

神観念の表現と内村の苦闘

キリシタンが神や天国を原音で表現したのはまさしく巧妙な方法でしたが、近代の日本人クリスチャンは、キリシタンとの区別のためにも原音主義をとることはできませんでした。

それで新島は「神」をどのように説いたか。彼は日本の神を「木、銕、銅、石、紙等にて造り、目あれ共見得ず、耳あれ共聞得ず、口あれ共食ひ得ず、手足あれ共働く能はず、是其内に魂のなきは明白」と説明し、「神」との違いを懸命に説明しました。しかしそれが限界でした。だから日本のクリスチャンたちが偶像批判をするとき、寺院の前でここに置かれている仏像は木であって鼠に食われたりもするだとか、神社の前でここのご神体はただの石だなどと語り、それを信じている人たちから袋叩きにあったのです。そしてそこで布教は止まってしまいます。日本人の神観念は何か、という深みには行けなかったのです。

一方、外国から入ってきた異教の神に反発し、札幌神社（現在の北海道神宮）の神前にぬかずいてこのような邪教を追い払ってほしいと祈りながら、やがてその邪教に屈してキリスト教徒になったのが内村鑑三でした。内村はこのキリスト教の神について語らねばならないとき、さまざまな言葉で言い表わしました。たとえば「宇宙の主宰にして独一無二なる真理の神」と言います。しかし、けっして仏像やご神体を、石だとか、木だといった、形に関する批判はしませんでした。

内村の神についての表現は「独一無二なる真理の神」のほか、いちばん多いのは「独一無二の神」ですが、あるいは、「独一無二の霊」「独一無二の真の神」「肉眼を以て見るに能はざる精神の神」「独一無二の生ける真の神」「キリストは独一無二の人物」「独一無二の能力ある神」「独一無二の宇宙の神」「神は無論多数ではない、独一無二である、然しながら三位一体である、父なる神と子なる神と死んで神の霊なる神」など、説教の中味に合わせてさまざまな言葉を使い、「神」という霊的な存在を表そうとしています。日本のクリスチャンにはさまざまな思想家がいましたが、自分のなかに日本の神観念を意識しながら、きわめて霊的に「神」に対峙していったところに、内村の鋭さと苦闘の跡が窺われます。

二　文明・進歩の原理

文明と進歩への信仰

明治期の宣教師たちは、キリスト教を文明と進歩の宗教として日本人に説きましたが、これは英米の植民者の視点です。当時、「文野の闘争（文明と野蛮の闘争）」という言葉がキーワードとして盛んに使われます。野蛮から文明に転換するのが日本の課題だというのです。キリスト教国は文明の国だが、植民地にされているアジアやアフリカの国々は野蛮の国で、それらの地域に支配的な宗教は仏教とイスラム教だと説いたのです。

それでは文明の宗教というときの「文明」とは何かというと、万国公法の世界でいう国際法の秩序です。

そしてこの万国公法とは主権国家間の統合をはかる規範であり、それはキリスト教文明を基盤にした法秩序です。文明化とは欧化による主権国家の独立と意識されるからこそ、日本は文明開化を目指すのです。

陸羯南はこのことについて「国際法なるものは実に欧洲諸国の家法にして世界の公道にはあらず。此の家法の恵を受けんと欲せば、国を挙げて欧に帰化するより外に復手段あるべからず」（『原政及国際論』）と述べています。要するに、国際法の秩序とはヨーロッパの秩序だというのです。また木戸孝允は、国際法とは「基督教国、白皙人種、欧羅巴洲」という「特権掌握的国民」が己の権利を主張する武器であり、「兵力不調ときは万国公法も元より不可信。向弱に候ては大いに公法を名として利を謀るもの不少。故に余、万国公法は弱国を奪ふ一道具と云」（『木戸孝允日記』明治元年十一月八日）と綴っています。

キリスト教と植民者の視点

当時の政治家はおしなべて植民地化への危機感を持っており、必然的に国際法を身に纏っていかなければなりませんでした。そしてそれ故に日本は、欧米文明国に倣って国際法を武器に「非文明国」としてのアジア世界を国際秩序に再編成していくかたちで、アジアの植民地帝国となっていくのです。そして植民地として朝鮮を領有したとき、中国の華夷秩序を日本に置き換えた日本的華夷秩序をもって朝鮮皇帝を冊封するわけです。要するに欧米的な国際法の秩序に対して、日本的な華夷秩序を作ろうとして日韓併合をやったときに、大東亜戦争へと流れ込んでいく道筋を開いたのです。

当時のクリスチャンたちは、自分たちが植民者の視点であったことをどれだけ自覚していたでしょうか。

彼らは文明＝キリスト教の優位性から信仰に入っていき、アジア・アフリカの野蛮＝仏教・イスラム教という意識に立っていました、そうした動きがあります。

三　第二維新への思い―人心統一の器たる宗教―

英学という武器

文明の宗教としてのキリスト教に改宗した人びとにとって、徳川幕府が倒れて出来た国家はまだ未完成なものでした。

クリスチャンになった人たちの動機のひとつとして、敗残士族たちがよみがえるための生活の術としてキリスト教を選ぶというものがありました。英学を身につけることによって世に出ていこうという立志の思いです。彼らは、たとえば居留地に出来たヘボン塾とか築地大学校で学びますが、彼らの拠点となったのが箱館や横浜、静岡です。維新後、徳川家は静岡に移されて静岡藩となりますが、藩ではカナダ・メソジストの宣教師マクドナルドを呼んできて英学を勉強させました。そのほか、熊本洋学校、クラークの札幌農学校、あるいは横浜でクリスチャンになった人物が上田に帰って上田教会をつくり、ブラウンが新潟、また東京小石川では中村敬宇が同人社を作ってカックランを呼び、ここに日本メソジスト教会の一つの主流が生まれます。

聖書に読み取った道義性

そうした場所で英学を勉強するにあたっては、クリスチャンでもノンクリスチャンでも教材は聖書でした。そのときキリスト教に初めて触れた日本人は、儒教の『大学』にある「君子必慎其独也　小人閑居為不善」の「独りを慎む」というところに内的動機づけを見い出しました。自分たちが習った『大学』に示されたものよりも、キリスト教のほうがモラルにおいて深いものだ、というかたちで聖書を捉えたのです。

千葉県旭市にある大原幽学の生家へ行くと、大原が「慎其独」と書にしたものが残されていますが、彼は農民たちにそうしたかたちでモラルを説いたのです。それゆえ士族階級以外にも、より優れたモラルとして聖書の説く教えに入っていく素地はあったと思われます。

仙台藩の佐幕派の人びとは仙台を逃れて箱館に行き、そこでニコライに出会います。ニコライはきわめて力をもった宣教師でしたが、彼らはそのニコライのもとでハリストス正教（ロシア正教）の信者になり、故郷にもどっていきました。その結果、東北地方はハリストスの拠点になります。石巻などにもハリストスの教会があるし、かつてはハリストスのロシア十字のマークを屋根瓦に置いた家もありました。故郷に戻ったハリストスの士族たちはかつての仲間たちにこう呼びかけます。

仙台の藩士は、今や官軍の破ぶる所となりて、其怨恨彼等の骨髄に徹し居るの際なれば、仙台の志士輩、廻天の志望を有するの者、素より尠からざるべきを以て、今はこの義心に乗じて、彼等を招くに若かずと。乃ち仙台に送りたるの書には敢てハリストス教の教義等を記する事なく、単に国家の恢復を謀らんがためには、人心の帰一を期せざるべからず、人心の帰一は真正の宗教に依らざるべからず、人民にして真正の宗教を信せば、人心の統一を得べく、人心統一せば何事か成らざらん、もしそれ、国家を憂ふるの赤心あらば、速に来函すべしとの意を以てせり。(『日本正教伝道誌』)

明治維新は成ったけれど、本当に回天をなすためには人心を統一しなければならない。その人心を統一する器はハリストスだというのです。

しかしここで信仰のことはあまり言いません。要するに、彼らがクリスチャンになったのは、モラルが崩壊して自分たちの価値観が喪失したときに、その自分たちの価値観を補い強化してくれるものとして、ニコライやクラークの教え、あるいは熊本のジェーンズの教えがあった、というのがあの時期にクリスチャンになった人たちの、多くの本音だったのです。以下に紹介する「花岡山の宣言」はそのことをよく示す文章と言えます。

花岡山の宣言

余輩嘗テ西教ヲ学ブニ、頗ル悟ル所アリ。爾後之ヲ読ムニ益感発シ欣戴措カズ、遂ニ此ノ教ヲ　皇国ニ布キ、大ニ人民ノ蒙昧ヲ開カント欲ス。然リト雖モ西教ノ妙旨ヲ知ラズシテ、頑乎旧説ニ浸潤スルノ徒未ダ尠カラズ、豈慨嘆ニ堪ユベケンヤ。是時ニ当リ苟モ報国ノ志ヲ抱ク者ハ、宜ク感発興起シ、生命ヲ塵芥ニ比シ、以テ西教ノ公明正大ナルヲ解明スベシ。是レ吾曹ノ最モ力ヲ竭スベキ所ナリ。

これは熊本から新島襄の同志社に入った海老名弾正らが記したものですが、西教（キリスト教）が日本の国を興すうえで必要であり、それによって皇国に報いていこうという宣言です。そのどこにも信仰的なことは書かれていません。これが当時の人たちの志なのです。

バンドのこと

日本のキリスト教（プロテスタント）史にしばしば登場する三バンドがあります。明治期の主たる信者のグループですが、ひとつは横浜のヘボンのもとで育った富士見町教会（東京）の植村正久に代表される人びと（横浜バンド）、もうひとつは新島襄の同志社に入った海老名弾正や霊南坂教会（東京）で牧師を務めた小崎弘道に代表される熊本の人びと（熊本バンド）、そして札幌のクラークのもとで「イエスを信ずる者」に誓約をした内村鑑三ら札幌の人びと（札幌バンド）で、この三つが近代日本のキリスト教の三潮流としてよく語られます。バンドというのは繋がりを意味する語で、宣教師たちが各グループを何々バンドと呼んだのです

なぜこの三バンドが有名になったかというと、内村が海老名に向かって熊本はナショナル、植村たちは教会的、そして自分の札幌は精神的だと言ったところ、海老名がそれは違う、どこもみな精神的であり、なかでも熊本はナショナル、植村たちは教会的、そして内村のところは個人的なのだと反論した、というエピソードに起因すると思われます。このエピソードは後に日本キリスト教史を書くうえで格好の話として引用されます。

しかし実際には、この他にさまざまな群れがあるわけです。中村正直（敬宇）ら東京小石川の同人社を

中心とする小石川バンド、あるいは上田教会（長野県）を中心とする上田バンド、原胤昭や田村直臣らの築地大学校を中心にした築地バンドなどです。そして植村たちは各地の教会を集めて日本基督一致教会を組織し主流派を形成しますが、築地バンドは反主流派として植村たちと対立します。ということで、三バンド以外にも活躍した群れが多くありました。築地大学校が植村たちの横浜と全く違うのは、同じように教会的だといっても、原胤昭は日本人の手になる最初の女学校をつくるし、田村直臣は育児のような日常性に密着した面で幅広い活動をしていく。そうしたところから日本キリスト教史を捉え直さなければならないでしょう。

四　文明国をめざす国家の器としてのキリスト教

ライス・クリスチャンと自給独立

クリスチャンになった人たちは、まず文明に憧れ文明の香りを嗅ぐことに熱中します。現実としては、キリスト教は文明国を目指す国家の器と見なされていたので、教会は文明の窓でした。だから内村にしても札幌に行く前、築地など居留地に行って讃美歌を聴き、欧米の文明に思いを馳せています。島崎藤村は『桜の実の熟する時』の中で、欧米の文明に憧れて明治学院に入ったと書いています。本来は、その「文明」が何なのかがキリスト教のなかで問われてくるべきなのですが、必ずしもそうではありませんでした。次の一節は鵜崎庚午郎というメソジストのクリスチャンが講演（「基督教文学」）したものですが、そのあたりをよく示しています。

ウキルソンのリーダーに依つて神の事、又神に対する朝夕の祈祷を習つたのであります。それから又バーレーの万国史を読みましたが風船に乗つて世界を飛んで廻ると云ふ物語の中に旧約全書の創世紀の話がありました。之は私が未だ教会にも行かず宣教師に逢はない時の事で詰りバーレーの万国史に依つて基督教を紹介されたと云ふ訳であります。

明治維新後に学校で使われた教科書は翻訳された万国史やウィルソン・リーダーですから、内容は聖書の物語が圧倒的に多かった。あるいは、イロハの順に、イは何々、ロは何々と書いてある、要するにアメリカの小学校でABCを教えるやり方を翻訳したものですが、そこにもキリスト教物語が記されています。そういう状態でしたから、子どもたちは宣教師の教えることにあまり違和感を持たずについていけました。そしてもっと英語を勉強したいと思ったら、宣教師の所属する教会に行って英語を習う。これがごく最近までいくつかの教会にあったバイブルクラスの原形ですが、信仰はもたなくても英語は習えるのです。

福沢諭吉はこれを評して「字を知る乞食」と言いました。その意味は、「衆生済度貧生救助のために学校を開き、無賃にて宿所を貸し、無月俸にて学問を教へ、加之事宜に由れば小遣の銭までも下し賜はる」と説明しています。また田村直臣は彼らを称して「ライス・クリスチャン」（生活のためにクリスチャンになった人の意）と言いましたが、実際そうでした。彼らはアメリカの神学校などに留学させてもらうと、神学ではなくて別の勉強をやって帰ってくるのが多かったのです。

日本人クリスチャンたちはそうしたかたちで補助を受けていましたから、攘夷的な感覚を内心に抱いている人たちには、独立ということが大きな課題になりました。これが日本の教会のなかにある自給独立の原点です。宣教師に依存しながらも、何とか独立して自分たちの教会を作っていかなければ、という屈折した心理を持つのです。あるときは宣教師に反発し、あるときは経済的に依存するというジレンマに陥っていたのが日本のクリスチャンの姿だと言えます。

内村鑑三はそうした状況に対してもっとも早く己の足で大地を歩くべき、とした人物でした。彼はそれを「真のサムライは金銭上の援助を乞うよりは、むしろ餓死をえらぶのです。私はしばしば思います。宣教師のもとに赴いてその助けを乞うよりは、むしろ福音の宣伝を中止しよう、と。かくて、自然、私は外国人の金銭の援助を基としてなされる運動には一切反対します」と言い表しています。内村が教会のない者の教会として「無教会」を主張した原点にはこれがあるのです。建物としての、制度体としての教会を持つと、当然、維持管理の必要からミッションの援助に頼らざるをえない。といって自給独立をやると悲惨な状態に陥る。そうしたことが背景にあるのです。また沢山保羅《ぼうろ》は内村より早く「日本教会費自給論」を主張しますが、結局、組合教会のなかで大勢を占めることはできませんでした。日本の教会はこうした問題を抱えていたのです。

宣教師たちの伝道方針

一方、宣教師たちは、そうした状況のなかで日本の宣教をどのように考えていたのでしょうか。

ヘボンは、日本人はきわめて権威的だから宣教師には為政者による何らかの庇護が必要であり、その意味ではかつてのイエズス会のやり方と似たものになるであろうが、ともかく日本人のなかにあるキリシタン邪教観を払拭するためには、権力者と一体になって文明としてのキリスト教の正しさをアピールし、キリシタンとは違うことを教えなければならない、と考えました。これが、当初日本に来た宣教師たちが福井をはじめ各地の学校に英語教師として赴任した背景です。

さらに、日本人はきわめて功利的な性格を持っているから、実生活に役に立つものとして医療・教育活動を舞台にした宣教が、日本に食い込む場として効果的、という判断になります。結果、医療伝道は大きな役割を果たし、教育伝道は主として女子教育において大きな役割を果たしました。

また、日本人は強烈な自尊心と独立心の持ち主だから、彼らを納得させるためには、優れた人格の宣教師を派遣してほしい、という手紙を教団本部に書き送ります。その人格的感化力によって、恐るべき肉欲の罪に囚われている日本人たちを訓化しなければならない、と言うのです。この肉欲の罪に囚われているというのは、妻以外の女性を妾とする日本の男女関係を言うのですが、かつてのイエズス会も同じでした。この問題を解決しつつその自尊心を満足させるためには、日本人の教育者、教職者、神学者を養成しなければならないと考え、さらには日本人による伝道こそが必要だと言いました。

イエズス会は、この問題で大トラブルをひき起こしました。ザビエルのあと布教長として日本人司祭（パーデレ）をつくったのですが、日本人は独立心と自尊心が強いから自分たちヨーロッパ人をないがしろにして布教していく。だからけっして肝心なことを教えるな、とイエズス会の宣教師が言い出したのです。それで結局、ヴァリニャーノがやって来てこの問題に決着をつけ、日本順応策として日本人パーデレもつくることになりますが、そうした危機感を強く持っていたのです。

聖書の翻訳と庶民の乖離

宣教のためにまず必要なのは、聖書の翻訳ですが、翻訳は日本人が中心となって行われました。戦後に口語訳聖書が作られるまでは、文語訳聖書が唯一の日本語訳聖書でした。ここで韓国との違いが出ます。韓国のハングルは話し言葉を文字にしたものですが、李王朝時代には書き言葉をハングルにしようとした人たちは処分されました。あるいはハングルの新聞を最初に出した人物も処分されています。ところが聖書はハングルを用いて翻訳されました。その結果、韓国のキリスト教が大衆化した芽がここにあると言えます。逆に日本では書き言葉の文語で聖書が翻訳されたところに、キリスト教を庶民のなかに入りにくくしたとも考えられます。

かくて宣教師たちは苦しい闘いを強いられます。一つには日本人が強い自尊心、独立心、猜疑心を持っていると思ったことです。そしてその一方で、日本人は欧米のキリスト教徒から見ればきわめて恥かしい行為を平然とやる。そうしたなかで、宣教師たちは自分たち西洋の文明の圧倒的な優位性を意識してキリスト教を説いたのですから、民衆の彼らに対する反発には、当然のことながら強いものがありました。

一方で、キリスト教が入ってきたときの日本は旧来の価値観、あるいは社会秩序が全て崩壊していくときでした。そして明治政府は新しい価値観を作ろうとして、仏教に替えて神社を軸にしようとしました。しかし、その神社も後に国家神道に収斂していったようなものではなく、さまざまなものが混在していて試行錯誤の状態でした。そうした時期だから、キリスト教も伝道の仕方によっては農村に多くの基盤を築くこともできたのです。

このころ日本では仏教が批判されるなかで、全国的に講社運動が起こり、天理教とか金光教などさまざまな新興宗教が起こります。そうした講社運動のなかで、キリスト教においても一つの講社運動として教会形成をしようという流れも出てきます。これはより優れたモラルを説くことで教会形成をしようというものですが、ここで説かれるモラルは一身独立に繋がるようなものであったため、立身出世するにはキリスト教がいいと考え、キリスト教に入信する人たちも出てきます。それをどういうかたちで信仰的に深めていくかという問題のなかで、やがて内村鑑三が築くような、教会を持たない人たちが出てくるのです。

北海道には内村ファン、すなわち内村が発行する月刊雑誌『聖書之研究』（明治三十三年九月創刊、昭和五年四月、三五七号で終刊）の購読者が多くいましたが、彼らはほとんどが僻遠の地に住んで開拓を行っている人びとでした。彼らは『聖書之研究』を読むことによって聖書を読むのです。だから宣教師たちは「内村宗」がいて困ると言います。彼らは聖書を勝手に読んでいると非難したのです。北海道にはそうした相互の確執があるなかで、キリスト教が展開していったのです。

第二章　新国家の構造

日本独特の国家主義

アメリカのワシントンＤＣには国立公文書館があり、その近くにリンカーン記念堂がありますが、そこへ行くと先生に連れられた小学生の一団にしばしば出会います。アメリカ独立宣言とリンカーンの奴隷解放宣言を子供たちにほぼ同時に見せるためですが、このことでアメリカがどういう国であるかを分からせるのです。

イギリスには帝国戦争博物館があり、子どもたちが団体で来たり、お祖母さんに連れられてやって来ます。ここの展示は、大英帝国がいかに大きくなったかを戦争の展示で見せながら、同時に戦争の影も示しています。第二次世界大戦のときに戦争で精神を病んだ人がいかに多くいたかとか、戦時下で人びとがどんなものを食べさせられたかも復元してあります。あるいはユダヤ人の部屋があって、アウシュビッツなどに収容された女性の証言がなまなましい写真展示のなかで聞こえるようになっています。

しかし、日本では国立公文書館に行っても国立の博物館に行っても、そうしたものは何も見れません。

それがよく見える展示があるのは靖国神社の遊就館だけです。ここには大東亜戦争が出てくるし、足利尊氏は南朝にとって極悪人として出てきます。

河上肇は『貧乏物語』を書いて有名になった人物ですが、マルクス主義経済学を勉強し、非合法の日本共産党に入党して捕まり、ずっと獄中にいて転向しませんでした。彼はヨーロッパから帰ってきて、日露戦争後の明治四十四（一九一一）年に「日本独特の国家主義」という論文を『中央公論』に掲載します。この論文の中で河上は、西洋人が日本人を見たとき、自分たち西洋人と比較してこれほどに愛国心に長けた民族はいない、自分たちにはそんなものがない。しかし同時に、なぜそのようなモラルをもっている日本人が、商業道徳などにおいてはあんなにモラルがないのかと言い、西洋では愛国主義のようなモラルは乏しいが、一人ひとりがはっきりと人格をもっており、一人ひとりのモラルは大変すぐれていると言います。それはなぜか、河上は言います。今、世には天賦人権が盛んに語られ、学校の教科書でも民権があたかも原点であるかのように言われる。しかるに、西洋では天賦人権（天から授かった人権）であり民賦国権（民が授けた国の権力）、また民主主義（個人が主で国家は従）であるが、日本では国賦人権（国が授けた人権）であり天賦国権（天が国権を授けている）である。そのため日本では、国家は重いが個人はきわめて軽く、国家あっての個人である。個人の人権は国家の承認のもとにしかなく、したがって日本においては人格の観念は乏しく、国家の観念しかないのだ、と。河上はこれを国格と言い、その国格の担い手が天皇であり、そしてそれを神としている。完全な国格を担うのは天皇であるが、彼はそこで価値判断をしない。これが「日本独特の国家主義」だ、と書いています。

これほど優れた日本の分析は今なお他にないでしょう。未だに日本はそうなのです。国格とはある種の集団主義であり、組織が主です。労働組合にしても、あるいは天皇制打倒を叫ぶ日本共産党にしても、その組織が神様になっています。本来は人格神であるキリスト教の世界でみても、まさに教会が物神化していくことにより、そのなかにおいての「私の信仰」と言えるものがない。それが現在の日本のキリスト教界の、さまざまな問題の背景になっていると言わざるをえません。

そうした国家の在り方は、いつごろ、どうやって出来たのか。この問題を完全に解き得るかどうかはわからないけれど、キリスト教の問題を考えるときに、日本の国のかたちがどういうものなのかを考えないわけにはいきません。そうすると当然のこととして、村や町の地域の共同体の持つ神信仰に関わってくるわけです。産土神《うぶすながみ》だとか鎮守の神社です。神社というとごく短絡的に国家神道に結びついた話になりがちですが、国家神道という枠組で捉えられる神社と、そうした枠組みに入らない町や村の神社があるわけで、それを明確にしないまま、やみくもに国家神道だから天皇制云々と言っても、本当のところは見えてきません。町や村の神社が国家に取り込まれていく一方で、取り込まれ得なかった部分も多くあるのです。

一　復古革命の世界

御一新から維新へ

明治維新の当時は、「維新」ではなく「御一新」と言っていました。それがある段階に「維新」にすり替えられます。御一新を求めながら夢破れて座敷牢で死んだのが、『夜明け前』の主人公、青山半蔵のモデル島崎正樹（島崎藤村の父親）です。あの作品の中で主人公は「おてんとうさまも見ずに死ぬ」と言って座敷牢の中で死にますが、あれは御一新という革命の夢破れた姿を描いたものです。

戊申内乱は、慶応四（一八六八）年一月三日の鳥羽・伏見戦争の勃発から始まり、二月に親征の詔、四月に江戸開城、五月十五日に彰義隊の敗走、明治改元後の九月二十二日に会津落城、そして翌明治二（一八六九）年五月十八日の箱館五稜郭開城で終結します。東京招魂社の祭日は一月三日、五月十五日・十八日、九月二十二日でしたが、それは後に靖国神社に引き継がれます。要するに靖国神社では戊辰戦争の官軍勝利の日がもともとの祭日だったのです。その後、反政府の側にいた人間も徐々に受け入れていって春と秋に例祭をやり、さらに臨時大祭が設けられ、その年に死んだ戦死者や戦病死者を祀る祭典をやるようになります。今でも靖国神社の祭典は春が四月二十一日から二十三日、秋は十月十七日から二十日、その間に七月十三日から御霊《みたま》祭りがあり、なかでもこの御霊祭りが最も重要なものです。

明治政府はいくつかの国家祝祭日を決めますが、当初、維新で朝廷が権力を握ったとき、祭日をどのように決めるかは大ごとでした。宮中儀礼が国家儀礼になるから、何人もの天皇の祭をしなければならない。そうすると、政府の行政が停滞してしまう。それで結局、先帝祭と神武天皇祭だけにして、その他はすべて春と秋の皇霊祭としてまとめ、それが春と秋の祝日になる。現在の国家祝祭日をはじめとする儀礼構造は、このときの状態が多かれ少なかれ残っているのです。

江戸開城の前の三月十三日に、

祭政一致の制に復し、天下の諸神社神主を神祇官に所属せしむべき件

此度　王政復古神武創業ノ始ニ被為基、諸事御一新祭政一致之御制度ニ御回復被遊候ニ付テハ、先第一神祇官御再興御造立ノ上、追々諸祭奠モ可被為興儀被　仰出候（略）

という詔勅が出されます。祭政一致で神祇官再興というのは、古く律令時代の神祇官を政治の中枢に据えるということで、要するに神祭りが国の政の基本だというのです。そのため各神社の神主を神祇官の付属にし、王政復古とは神武天皇の昔に戻ることだとしたのです。

その後、三月十四日に「五箇条の誓文」と「国威宣揚の宸翰」、さらに翌十五日に「五榜の掲示」が出されます。「国威宣揚の宸翰」は日本の国威を国内海外に輝かせるのだという天皇の書簡です。「五榜の掲示」は「定　切支丹邪宗門ノ儀ハ堅ク御制禁」ほかで定三箇条と覚二箇条ですが、覚は当面のもの、定は永久法です。そしてその後、三月二十八日に「神仏混淆の禁」が出されます。それまで神主はほとんどが寺に従属していたのですが、神仏混淆を禁止した結果起こったのが、神主たちの僧侶に対する積年の恨みを晴らすための廃仏毀釈です。各地で仏教の排斥運動が起こりますが、たとえば比叡山の下にある日枝山王神社では仏具などを放逐します。興福寺の五重塔を売り出すとか、鎌倉の大仏を売るという話もありましたが、それらは実行されませんでした。

浄土真宗は親鸞の教え以外では救われないという強烈な世界で、本来神々を拝んではならないという原則がありました。それ故、彼らは御一新の政府は耶蘇（キリスト教）に乗っ取られたと考えて反政府運動に趨り、各地で一揆が起こります。たとえば岐阜県恵那郡蛭川村（現中津川市）の苗木では、完全に寺を

潰したので、僧侶たちが泣きながら京都に戻っていったという記録が残っていますが、この苗木では寺をなくしてしばらくすると、神社が葬式など諸行事をすべて執り行ったため、神国教という苗木特有の宗教ができたと言います。このようにこの時代は旧来の価値観が完全にひっくり返る、大きな混乱の時代でした。政府が旧来の価値観を完全に否定することによってその波紋が各地に及び、寺は壊滅状態となって仏像はうち捨てられたのです。

あるいは長崎県の浦上では元治二（一八六五）年、隠れキリシタンたちが、浦上にできた天主堂にマリア像を見にいき、その二年後に信徒の葬儀をきっかけに捕まり、いわゆる浦上四番崩れが起こります。捕まった浦上の異宗徒たちは各藩に流されたりしました。

こうしたなかで慶応四年七月十七日、江戸が東京と改称され、天皇が初めて東京に行幸してきます。このとき天皇は沿道から伊勢神宮の両宮を遥拝します。そして、泉岳寺の傍を通るときに勅使を泉岳寺に派遣して大石良雄らの墓前に参拝させ、この者たちは忠義の士だと言います。徳川幕府は赤穂浪士を反逆罪で処刑したのですが、しかし一方では、忠臣蔵の芝居などで忠臣だともてはやされていました。それが、あれこそまさに忠臣の最たるものだと国家が言ったのは、明治天皇のこの勅使派遣からです。これは天皇に対する忠誠は忠臣蔵の大石的な忠誠なのだという、国民教育の指標にしたものでした。

歴史研究者の間では、日本の明治維新はブルジョア革命なのか絶対主義革命なのかという議論が、延々と続いています。しかし私は、明治維新はそうした歴史学、あるいは経済学の欧米流の概念で捉えきれるものではなくて、復古革命とも言うべき、神武復興を目指したなかで行われた大激変の革命だったと思います。そのまず初めにあったものが楠社湊川神社の造営であり、もう一つは天長節です。国が最初に決めた祭は天長節と神武天皇祭ですが、今も東京芸術大学に収蔵されている竹内久一作の木彫『神武天皇立像』の顔は、明治天皇のものです。要するに神武復古なのです。

楠社から靖国への道―人を神に祀るという作法―

楠社（楠公社）湊川神社が、じつは靖国神社に行く道です。人を神に祀るのです。

日本史上、人を神にする発想が生まれるのは戦国期だと言えます。最も早く己を神に見立てて拝ませようとした人物は信長です。信長は安土城を造ったとき「盆山」という石を置いて、これは自分の分身だとして拝ませようとしました。そのため、信長はあれほど宣教師たちに力を貸したのに、ルイス・フロイスは本国への通信のなかで「信長が死んだ。あのネブカドネザルのような王が死んだ。彼は神に背いたからだ」と書いています。なぜ信長が神に背くかというと、信長には天道を担うものだという思いがあると思われたからです。

戦国の騒乱期に流行った思想に、天道（天の道）があり、宣教師たちが編んだ『日葡辞書』（日本語とポルトガル語の辞典）を見ると、「天道」の解説として「我らにとってデウスに近いもの」と書いてある。造物主という概念はないが、「神」にきわめて近いものだと言うのです。その天道という概念が広く浸透していたため、宣教師たちがデウス信仰を持ち込んだときに、それが広がる要素があったのではないかとも考えられます。信長が己を神にした考えは秀吉に受け継がれ、さらに家康が神になって東照大権現になるのです。

江戸時代になると、これら偉い人が神さまになるだけじゃなくて、普通の町のおばさんでも神さまになるのが出ます。おさん稲荷などが一例です。これはおさんという女性が激しい歯痛に襲われて死ぬのですが、そうすると、おさんは歯が痛いと言って死んだのだから、彼女の墓に参ると歯痛を治してくれるのじゃないか、といって流行神《はやりがみ》になります。江戸時代にはそうした流行神が時々出てきます。

そして、その流れが幕末になると、楠木正成を神さまにして楠公信仰を煽るようになる。その最も早いのは文久二（一八六二）年に長州の真木保臣（和泉）が大坂で正成の命日に楠公祭を催します。これは、自らも関わった寺田屋事件で死んだ人たちのために行った慰霊祭です。圧倒的な軍事力を持つ相手と戦って死んだ人は、いわば野垂れ死ですが、それを楠木正成の慰霊祭に託して慰霊し、七生報国をアピールすることで、湊川で哀れな死に方をした楠木正成がいま蘇っているように、自分たちも歴史の中で評価される日が来ると訴えたのです。それが革命運動の原点になります。昭和三十五（一九六〇）年のいわゆる六十年安保闘争があれほどまでに盛り上がったのも、樺美智子という一女子学生が機動隊との衝突の中で死んだからだと言えます。あの犠牲が反体制運動の盛り上がる大きなきっかけになったのです。現在、イスラム原理主義に殉じて自爆した人たちにも、まさにそういう思いを抱いて爆死した人びとがいるのでしょう。

こうしたなかで、同じ文久二年に戸田忠至が山陵修補の建白を出し、荒れ果てていた御陵の修繕をやります。河内には応神陵や仁徳陵など御陵とされている大古墳がいくつもありますが、国学者の伴林光平は、それらの御陵が荒れているため天皇霊が荒ぶる魂となって彷徨い出てきて、開国後の物価騰貴のように世の中が乱れる原因となっているのだと言います。文化財の保護にはそれに託された思いが政治的な課題にもなるわけで、これが文久の修陵に結びつくのです。

翌文久三年には、平田篤胤の門下生が、師の『古史伝』を出版しようと上木運動を起こし、各地をオルグしてまわります。そしてこれが攘夷への道、さらには維新への道を用意します。またこの年には三条実美ら七人の公卿が長州に逃げていくとき湊川で楠公の墓に参りますが、後にこの故事に倣って日清戦争や日露戦争のとき、さらにその後も、大陸に出征する部隊は必ず神戸で汽車を降りて湊川神社に参拝し、写真を撮って前線に赴きました。こうした作法のなかに日本の国民精神のひとつの鋳型があるのです。

江戸時代には楠木正成にまつわる太平記語りが流行りました。太平記語りは軍談語りで、後の講談のもとになりました。正成の軍学は南木流と呼ばれますが、正成は諸葛孔明にも比すべき軍師だともてはやされ、それが庶民たちの人気を得て流行ったのです。

一方、長州藩は桜山招魂社を造り四国連合艦隊と戦って死んだ者たちを葬りますが、文久三年に彼らの招魂祭を営みます。

また慶応三（一八六七）年には尾張徳川家が楠社造営を建白します。尾張藩は八代将軍継嗣争い以来、徳川宗家や紀州藩に対する怨みを持っており、それが楠社造営の建白に結びつくのです。

そうした動きのなかから、明治元（一八六八）年には楠木正成に神号を与え、楠社造営の基金を集める寄付が募られます。それが湊川神社となるのが明治二年ですが、この前後に鎌倉宮（大塔宮）をはじめ南朝の親王たちの神社が造られます。こうした南朝顕彰のなかで新田義貞らが顕彰され、また南朝の遺領であった吉野では村人が自分たちは南朝の民だとして幕府に対する敵対感情を抱き、それが五条代官所の襲撃（天誅組の変）などとなって表れます。革命というのは、そうした広く人びとを揺り動かす文化大革命的な精神を昂揚する運動が必要なのです。そして慶応四年五月に京都に東山招魂社（これは現在、京都護国神社になっている）が造られ、癸丑以来、すなわち嘉永六（一八五三）年のペリー来航以来の討幕の志士たちが祀られます。

尚武須護陸の世界

こうして徐々に国のかたちが固められるなか、次に行われたのは国家暦の制定です。まず明治元（一八六八）年に天長節の執行を布告し、明治五年に神武天皇即位日を祝日（紀元節）とし太陽暦を頒布して、翌六年には五節句（一月七日の人日、三月三日の上巳、五月五日の端午、七月七日の七夕、九月九日の重陽）を廃止します。さらに三年後の九年、神宮の大祭の制定と、神武・孝明帝の山陵に儀仗兵を派遣することにします。そして二十三年の皇紀二五五〇年記念に橿原神宮が造られます。このように国家の精神の造形と国のかたちを段階的に、試行錯誤しつつ作っていきます。

明治二年の三月に明治天皇が再び東京に行幸しますが、このとき伊勢の両宮に親謁します。それまで伊勢神宮に天皇が自ら行くことはなく斎宮を派遣するだけだったので、神宮への親謁には公家たちの強い反対がありましたが、それを押し切って親謁がなされ、さらに行幸の途中に天皇は各地で田植風景を視察したりしながら東京に入ってきます。このことは五月二十一日に発した祭政一致、皇道復興、山丹満州（サハリンから満州にかけての地）に接する蝦夷地の開拓教導をめざす件が、天皇の親政と深く関わっていることを示すものだったのです。

そして六月十日に、それまでの戦死者の招魂祭がなされ、二十九日には九段に東京招魂社が造られます。そして明治十年の西南戦争後に、この東京招魂社と東山招魂社を合わせて靖国神社にします。このように靖国神社は一度にできあがったのではありません。討幕の志に斃れた人たちを祀った東山招魂社を、戦死・戦病死した人たちと一緒に祀ることによって靖国神社とし、さらにその後に追号するかたちでさまざまな人を臨時大祭のときに祭神に加えていきました（これには乃木希典とか東郷平八郎のように畳の上で死んだ将軍たちは入らない。そのため乃木神社とか東郷神社が造られる）。

靖国神社はその後、学校教育あるいは子どもの遊びのなかで双六として位置づけられます。たとえば明治二十六年、日清戦争の前夜に作られた尚武須護陸《しょうぶすごろく》です。「武を尚び須く陸を護るべし」をもじったこの双六は、大正天皇の侍従だった小笠原長生《ながなり》（昭和天皇が皇太子のときにその侍従にもなる）が作ったものです。

この双六は振り出しが小学校です。その振り出しでサイコロを振り、幼年学校に行く者と徴兵検査で兵卒になる者にまず分かれます。そして上がりは「靖国神社」と「陸軍大将」です。靖国神社へいちばん早く上がるのは「戦死、靖国神社」で、ここで曹長でなって終わり。要するに前線の兵隊が死ぬポジションです。さらに少尉で靖国に上がるポジション、小隊長で上がるポジション、大隊長であがるポジションがあって、みな「戦死、靖国神社」です。そしてさらに上に行くと、陸軍少将、陸軍中将になって「退役、欧州巡行により退場」といった上がりが出てきます。これがいまだに日本人のなかにある靖国像なのです。

二　大教の下で―新しい秩序への模索―

神社の儀は国家の宗祀

明治三（一八七〇）年の正月三日、維新政府は神祇官で祭典を行い、鎮祭の詔とともに「今や天運循環百度維れ新なり宜しく治教を明らかにし、以て惟神之道を宣揚すべきなり、因て新たに宣教使に命し天下に布教す」（傍点は引用者による）と宣布大教の詔を発しますが、ここで「維新」という言葉が登場し、これ以後、「御一新」という言葉が消えるとともに、惟神（いしん、かんながら）の道を教えていくことになります。

ついで六月、この惟神の道を教えるなかで国民を把握するために「氏子改《あらため》仮規則」が耶蘇教の混在する長崎県および周辺の十一藩と三府四県・開拓使に通達されます。三府四県というのは、東京・京都・大坂の三府と神奈川・兵庫・新潟・佐渡の四県ですが、神奈川・兵庫・新潟の三県は開港場で、佐渡は天領です。そしてこの後、全国に氏子調べを行わせます。

日本の近代の最初の戸籍と言われる壬申戸籍には「氏子」とあり、どの氏神の子であるか記されていましたが、これに倣って政府は氏子札を出します。江戸時代の寺に替えて神社による国民管理をしようとしたのですが、寺が戸籍管理をなしえたのは、専従宗教者としての坊主がいて宗門人別帳を作ることができたからであり、神主の不在が圧倒的に多い神社には、戸籍管理は無理だったのです。

それで翌明治四年五月十四日、神社は国家の宗祀として「世襲ノ神官以下改正補任兼官社以下定格額及神官職制規則」を定めます。ここで官幣大社、官幣中社といった官社（官国幣社）と諸社（府県郷村社）の区別が明確になります（諸社は現在は民社と言う）。国家神道の枠組で問題になるのは官社ですが、「官」というのは皇室（宮内省・内務省）から幣帛（祭典の費用）が出るという意味です。府県郷村社については祭典の費用負担をしようとすれば莫大な額になるので、神社書上を出させ神社の合併を計りますが、容易ではない。そこで各神社の社格を決めようとしますが、神社は村ごとにあって厖大な数なので、結局、社格のない神社を無格社と位置づけ、一方で、むやみに神社を作ることを禁止し取り締まろうとします。

大教の御趣意

この明治四（一八七一）年ごろから、政府は廃仏毀釈の行き過ぎに気づいて「古器旧物保存方」を布告するとともに、伊勢神宮が大麻と暦を頒布する規程を作ります。さらに七月四日に「大小神社氏子取調規則」を発布し、郷社にそれぞれが属するというかたちで氏子札を出すシステムを作り実施します。神社を通して国民を管理しようとしたのです。そして、大教の御趣意ということで宣教使に大教を宣布させました。郷社定則では氏子が何戸につき郷社一つと決めたのですが、現実には運営に無理があり機能しませんでした。結局、神社の管理法則はなかなかつくれない。一方では、村や町にある路傍の神社に対する統制を徹底して行おうとしてもこれも潰せない。そこで、いちばん中心になる神社に合祀させようとしましたが、それぞれの地域で自分たちの氏神様を大事に守る村民の気持ちを変えさせることはできません。

大教については宣教使に「大教ノ旨要ハ神明ヲ敬シ人倫ヲ明ニシ億兆ヲシテ其心ヲ正クシ其職ヲ功シ以テ　朝廷ニ奉事セシムルニアリ」と宣布させ、神道とは一言も言っていません。すなわち朝廷に仕えることが大事なのです。そしてさらに、

神武天皇鴻業ヲ創造シ玉ヒ　崇神天皇四方ヲ経営シ玉フ　御偉績ニ基カセラレ（略）天孫　皇太神ノ勅ヲ奉シ斯土ニ君臨シ之レヲ撫字シ玉ヒシヨリ　列皇相承亦皆　太神ノ心ヲ以テ心ト為シ玉ハサルハナシ（略）聖朝愛撫ノ盛旨ヲ戴キ以テ維新ノ隆治ニ帰向セシムヘク候是政教一致ノ　御趣意ニ候事

と言う。要するに、天皇に仕え奉る、それは神武天皇以来のことであり、それをしっかり学ばせて知らせよ。万世一系の皇統が日本の国の精神であることを教えよ、というのがこの大教の根本なのです。

その一方で、逸脱に対して厳しい統制をします。一つの価値観が大きく転換したため、幕府のもとで規制されていたさまざまなものが一気に噴出してきますが、政府が最も心配したのは、規制から逸脱した人びとが各地を歩き回って流言することでした。そのため廻国修行の六十六部を禁止するとか、普化宗《ふけ》（虚無僧）を禁止するとか、巡礼を禁止しました（四国巡礼も例外ではない）。それと同時に、神社仏閣の女人結界を廃止して登山参詣を自由にしたり、僧侶の肉食妻帯や蓄髪を許したりもします。寺の戒律の多くが否定されたのですが、このことは、近代の仏教に強い衝撃を与えることとなりました。

十一兼題と十七兼題

このように、それまでの価値観が徹底的に否定される状況にあって、それに代わる価値観を提示する必要がありました。そのために明治五（一八七二）年四月に新たに出されたのが教導職への三条教則（三条教憲）です。

第一条　敬神愛国ノ旨ヲ体スヘキ事
第二条　天理人道ヲ明ニスヘキ事
第三条　皇上ヲ奉戴シ朝旨ヲ遵守セシムヘキ事

この教導職のなかで大教院、中教院、小教院が作られ、神官・国学者の系列をくんだもの、あるいは僧侶の一部がそのなかに入れられます。彼らはあくまで「大教」を教える者であり、それぞれの宗門の宗旨を説く存在ではないことが原則でした。そのため彼らの説くテーマを決めるために十一兼題および十七兼題が決められます。それぞれの内容は以下のようなものでした。

十一兼題　神徳皇恩、人魂不死、天神造化、顕幽分界、愛国、神祭、鎮魂、君臣、父子、夫婦、大祓

これらはいわば精神訓話で、たとえば大祓とは髷を切ってザンギリになることで頭の大祓をして開化の人になろうという説教になります。

十七兼題　皇国国体、道不可変、制可随時、皇政一新、人異禽獣、不可不学、不可不教、万国交際、国法民法、律法沿革、租税賦役、富国強兵、産物製物、文明開化、政体各種、役心役形、権利義務

これらは社会体制あるいは国家体制を説くもので、誰にでもできる説教ではありません。そのため、それぞれのテーマごとに教本が作られます。これらの説教がうまかったのは講釈師とか落語家、あるいは仮名垣魯文のような戯作者で、彼らは教導職の上級に任命されます。ところが神主たちはあまりうまくないので内部対立を起こします。神主らは新しい価値観を教えるにも、どう教えていいかわからないので、「神国の人と生れて神々の　お開ありし国の道　知らでくらすは人でなし　国の人たる道しるべ　教への小口手みぢかく　おかしく説て聴かすべし」といった歌で説きました。

三条教則の大教は「国体を正ふし君臣の義を明かにし教化を敦くするの道」だと説き、宗旨は説くべからずとあるため、本願寺などとさまざまなことが議論になります。たとえば説教方について訓諭十六箇条には「神官之説教或は未熟にて徒に説教の下案を読み或は読む能はさる人も有之哉の趣き不体裁の至ニ候向後屹度右等の者は説教差止め於教院篤と教義講究有之度事」、あるいは「神官之説教之内排仏の意味往々有之由向後は教職心得書に有之通り他宗を排斥不致様注意可有之事」とありますが、神官も僧侶いずれも自分の宗旨が正しいと主張し、これならば「国体を正ふし君臣の義を明かに」できる道を説ける、とはなりません。

結局、明治八年五月に神仏各宗合併布教が中止され、各自教院を設けて布教のことと通達されて大教院が解散され、そして十一月に信教自由の口達が出されます。この間、本願寺の島地黙雷らが信教自由を主張し、また森有礼が英文で信教自由について見解を述べるなどし、そうした動きも信教自由の口達が出される伏線となりました。

三　「里俗の陋幣」をめぐる軋轢

『開化問答』の世界

明治六（一八七三）年になると、政府は万国暦（現在使われている暦、太陽暦）に従わないのは蛮風だとし、万国暦の秩序下での蛮風一掃を通達します。

まず、一月四日に旧来の五節句を廃止し、神武天皇即位日と天長節を祝日にします。次いで「法談説法」を「説教」と変えます（同七日）。さらに「梓巫市子並憑祈祷狐下等と相唱玉占口寄等之所業」禁止（同十五日）し、各地にある呪いとか狐下しなどを禁止します。また同二十二日に「比丘尼の儀も蓄髪肉食縁付帰俗等」随意と男の僧侶より少し遅れて尼僧の戒律も廃止します。そして三月七日に神武天皇即位日を紀元節とし、十月十四日には年中祭日祝日の休暇日を定めます。こうした布告により、村の暮らしは大きく規制されることとなりました。

小川為治の『開化問答』の一節に以下のようなことが記されています。

改暦以来は盆も正月もごたまぜにて、桜が六七月頃に咲き、雷や雹が十月頃になりはためき、雪や霰が四五月頃に降る次第なれば、かの土用綿入に寒帷子といふ諺に背かずして、万事に付き甚だ不都合（略）全体暦は百姓が耕作する目的となるが第一の役目なるに、太陽暦には気候寒暑の事を明に書載せざるゆゑ、百姓はこれを用ゐてその仕事の目的を定むることが出来ません。（略）改暦以来は五節句盆など丶いふ大切なる物日を廃し、天長節紀元節など丶いふわけもわからぬ日を祝ふ事でござる。

この『開化問答』は新しい西洋かぶれの男（開次郎）と古い保守派の男（旧平）が対話し、最後は保守派が西洋派に屈服する話である。その旧平が、

紀元節や天長節の由来は、この旧平の如き牛鍋を食ふ老爺といふともしりません。か丶る世間の人の心にもなき日を祝せんとて、政府より強て赤丸を売る看板の如き幟や提灯を出さするはなほ〳〵聞えぬ理窟でござる。元来祝日は世間の人の祝ふ料簡が寄合ひて祝ふ日なれば、世間の人の祝ふ料簡もなき日を強て祝はしむるは最も無理なることに心得升。

と言います。赤丸とは日の丸のことですが、江戸時代には赤丸の看板は密かに子殺しをする堕胎屋の看板で、これを二重にかけているのです。この辛辣な話が当時の庶民の感覚でした。

強引な風俗改良

彼らがどうしてそんなことを言うかといえば、たとえば明治六（一八七三）年には、

明治六年癸酉二月日欠　各村ノ鎮守祭礼或ハ豊歳祭ト称シ、障眼術若シクハ雑劇ノ名ニ託シ、許可ヲ請ヒ、其実村民少年ノ男女擾雑扮戯ヲ演スルノ俗アリ、其風俗ヲ壊リ本業ヲ怠ルヲ以テ是日令ヲ下シ之ヲ禁シ、且ツ区戸長ニ令シ、今ヨリ諸雑伎ヲ興行スル其職業ノ者ニ非サルヨリハ一切之ヲ停メシム

三月日欠　管下ノ俗、嘗テ大師講或ハ弥陀講ト称シ、人民男女時ニ混集シ、衣服ノ麗ヲ競ヒ、飲食ノ欲ヲ恣マ丶ニスルノ習アリ、其時日ヲ忨愒シ、財産ヲ糜シ、風俗ヲ壊ルヲ以テ、是月令ヲ下シテ之ヲ

禁ス

というように、村のさまざまな講や裸寒詣、盆行事などは全て禁止され、さらに村のなかの地芝居の小屋なども潰されます。山形の黒川能などは例外的に生き残りましたが、村にあった村舞台、地舞台は徹底的に壊されました。なぜ壊したかといえば、村人たちは共同体として結集する場で芝居を演じて神様に奉納しましたが、そうして集まる氏子の講や弥陀講など村人の結集する場を解体して、国家の枠に繰り入れる作業が、これら村の風俗改良として行われたのです。

そうした混乱が続くなかで、新しい秩序を作るために行われたのが「天子」という存在を全国的に広めていく作業だったのです。

四　「天子」、天皇という存在

御真影の初め

天皇をどのような存在であるか教えるについて『開化問答』を見ると、「天子様は棟梁みたいなものだ。家を建てるときに、瓦職人、左官職人、大工いろんなのがいるだろう。そういう人たちを雇って家を建てる。日本という国の家を建てるときに、そういう人たちに手当を出さなきゃならない。その手当は天子様が持ってる御手当金だけじゃ間に合わないから、税金というのを充てるんだ」といった説明になっていきます。その請負人の棟梁が雲の中にいたのでは意味をなさない。それ故、天子を見える存在にするために、各地に行幸し御真影を下付します。さらには宮中で観桜会、観菊会を行い（これが現在の園遊会になる）、その作法はイギリスの宮廷儀礼を学ぶなかで演出されます。明治天皇はそうした会は好きではありませんでしたが、一方で相撲は好きだったので、そのため浜離宮で観桜会を行ったときに力士に相撲を取らせて賞金を出したりしています。

明治天皇の写真を最初に撮ったのは明治四（一八七一）年で、横須賀造船所に行幸するとき船の上で内田九一が撮影しました。このときは公家風の小直衣《このうし》に切袴の姿です。さらに天皇と皇后美子の肖像を撮ったのは翌明治五年です。一方、横浜にいる外国人たちからこの国の君主の肖像がほしいという要請が出ます。彼らにとって国王や大統領の肖像を家に飾るのはごく当たり前なことだからです。そうしたことから各国の領事館に天皇の肖像写真を配布するようになりますが、肖像画は写真をもとにキヨッソーネに密かに描かせて、天皇がそれに名前を記しました。それが一般に出る明治天皇の御真影になったのです。御真影の下付は明治六年に奈良県に下付して県民に瞻拝《せんぱい》させたのが最初で、やがてこの御真影が神聖化されていきます。

天皇の写真をめぐって最初に起きた事件は、自由民権運動が盛んになった明治十五年に、大阪の民権運動家が宴会席で御真影を踏み潰したという事件です。それを伝え聞いた政府は、翌年、不敬罪として取り締まることにしました。その一方では、各県庁が天長節のときなどに台の上に御真影を飾ると、それを見にきた民衆が賽銭を投げたりする。そうすると、それはそれで不敬に当たるというので問題になります。そういうなかで「見える」天皇像ができあがるのです。

御真影で天皇像を見せるとともに、天皇は全国巡幸で顔を見せて歩きます。この巡幸のなかで天皇は各地域の政治状況を視察して民衆をいかに治めているかを報告させると同時に、学校に行って生徒たちの勉強ぶりを見たりもします。また北海道に行ったらアイヌの踊りを見たり、稲作状況も見ました。それら一連の流れのなかで、明治十三年に最初の観菊会が行われ、その後、吹上御苑で観桜会が行われました。ちなみに明治天皇の六大巡幸の次に行われた巡幸は、昭和二十一（一九四六）年に始まる昭和天皇によって行われたものです。

五　結社の時代

諸宗派の勃興

明治十四（一八八一）年一月、内務省は勅命で神道大会議を招集し、天皇の勅裁で宮中三殿の祭神を天照大神にしました。このときのことを、神戸の同志社グループが出したキリスト教系の最初の新聞『七一雑報』（明治八〜十六年）は「国家に非常の大変革」と捉えています。このことによって初めて日本の神様のかたちが決まるのです。それ以前に大教院に祀る神様をどうするかが問題となり、まず伊勢神宮が天照大神を主張します。それに対して出雲グループは大国主も入れるべきと主張する。出雲の主張は、天照大神は顕界（現世）を司る神ですが、大国主は幽界（死後の世界）を司る神であり、大国主がいなければこの神祭りが宗教にならない、というものでした。結局は勅裁により出雲は排除されますが、逆に言えば、伊勢を祀ることによって非宗教の道をとったと言えます。

こうしたいきさつで各教派が認められたことになり、木曽の御岳教のようなものをはじめ、さまざまな宗派が競争状況になります。この競争状況のなかでキリスト教もまた一つの新しい神様として他の宗教と横一線で走り出したのです。ようするに、それまでの価値観が崩壊して諸々の価値観を主張する自由競争が公的に始まるなかで、キリスト教も宣教の機会を得たわけです。

明治十四年に開拓使官有物の払下げが決まると、多くの人が北海道に渡ります。内村鑑三が開拓使に入ったのもそういうときでした。一方では天皇の東北・北海道への巡幸が行われ、また北門の鎖鑰《さやく》（北の守り）が喧伝されます。この北の守りに促されてクリスチャンたちも北海道宣教に乗り出します。北の守りを固めるためには北の大地を信仰的に清めていくのだ、というのがクリスチャンたちの論理でした。ピューリタンのアメリカ大陸における活動と重ね合わせるのです。こうして北海道に渡った最も大きな開拓団が日高の浦河に入った赤心社ですが、これは神戸の教会に拠る九鬼三田藩の人びとを中心とした結社で、赤心というのは赤心報国の「赤心」です。赤心社のリーダーの鈴木清が北海道に行く前に、桜井女学校（女子学院の前身）の新築移転開校式に列席しますが、同女学校の桜井ちかは式後に北海道に渡ります。このときの彼らの思いは、アイヌをはじめ北海道の人たちに対しての愛の奉仕をしないかぎり北の守りはないという、きわめてナショナルなものなのです。そのあたりを見ないと、日本のキリスト教がなぜ国家に飲み込まれたのか理解できないでしょう。

時を同じくして国会開設の詔書が出され、自由民権の動きが湧き起こります。そして、大蔵卿松方正義のいわゆる松方財政によってデフレが進行した結果、村は困窮して人びとが流民化し、それが困民党などに結びつきます。さらに憲法発布の勅令に触発されてさまざまな私擬憲法草案が出され、加波山・秩父などの激化反乱事件も起きます。こうしたなかで、流民化した村民をいかに組織するかが大きな課題になります。

キリスト教徒らは、農村への伝道のなかでクリスチャン・コミュニティとして教会の設立を目指します。そうした動きのひとつに北海道にキリスト教の村を作ろうという動きもありました。また一方では教派神道のさまざまな動きがありました。

そして、さらに明治十年から始まった内国勧業博覧会を嚆矢に、博覧会や共進会が全国的に盛んになります。内国勧業博覧会は万国博覧会に倣って始められたもので、日本国内のさまざまな物産を集めて、そこで交流しようというイベントですが、こうした列島全体の知的交流のなかからさまざまなグループができてきます。そのひとつが農談会です。

一方、こうした動きのなかで、人びとの生活を苦しくしたのは日本の国内産業を衰えさせた輸入品のせいだということで、輸入品排斥の護法護国運動が起こります。この運動は同時に反耶蘇運動でもありました。このグループの代表的な人物である浄土真宗の僧侶佐田介石は、国産品愛護という名目で各地を説教して歩き、村の産物を守ろうと呼びかけて外国品不買を標榜する結社を各地に作ります。それらの村には、外国品の排斥ばかりでなく、耶蘇教に入らないとか、耶蘇教の伝道師には家を貸さないし旅館にも泊めない、といった規制を村掟のなかに定めた村もありました。

キリスト教はこうした動きのなかでいわば舵を喪失し、流動的な社会状況のなかで溶け出します。そしてその動きに対して「耶蘇退治馬鹿のしんにう」と題した馬鹿番付に「耶蘇の呪を雪隠の中でけいこする奴」とか「耶蘇の信者とて日曜日ハ安息日といふて銭ばらひせぬ奴」などと揶揄されます。

キリスト教の伝道熱

キリスト教の伝道はこの時代ほとんどが平信徒伝道です。宣教師に指導された聖書販売人が聖書を持ちながら全国を歩くのです。そうしたなかで明治十（一八七七）年には一二県三〇教会だったのが、翌十一年に第一回全国基督信徒大親睦会が新栄教会で行われた後には、十五年に二七県八〇教会となり、二十年には三八県二〇〇教会と急激に伸びます。

そうした動きのなかで、明治十五年の年初に出された『七一雑報』には「今より十数年の後を想像するに基督教の勢力は益々熾にして神仏教の衰頽は愈々甚しきに至らんこと固より必然の勢なり」と記され、「やがて来るべき国会議員のほとんどはクリスチャンならん」などと書かれたりもするほど、熱気がみなぎっていました。

さらに翌十六年の第三回全国基督信徒大親睦会（於新栄教会）は、その熱気を受け継ぐなかで開かれますが、このとき内村鑑三は二十三歳でキリスト教界に初デビューし、「空ノ鳥ト野ノ百合花」という演説を行います。それが『六合雑誌』に載ったことで内村の名がキリスト教界で全国区になりますが、それ以上に重要なのは「十年ならずして我国は基督教国」とか、「国会に選出さるべき代議士の多数は基督教徒」

といった演説の内容です。

そしてこの年の四月に、横浜海岸教会の宣教師バラの夢を発端に起こったリバイバル運動が「小さき書生からかよわき少女」より一般信徒に広がり、翌年には同志社リバイバルとなって、人びとにキリストの言葉を説くべく同志社の学生たちが各地に散っていきます。かくて農村教会のリバイバルへと進み、農村教会が熱狂的になります。このリバイバルは単にクリスチャンたちの動きにとどまらず、国家の枠組が決まる前夜の秩序混乱期に一斉に布教された金光教や御岳教や扶桑教など、当時の熱気に動かされた諸信仰につながるような動きのひとつだったといえます。

そうした動きのなかで、政府は国家の枠組として、明治十七年に華族令を公布し、十八年に太政官制を廃止して内閣制度を制定し、二十二年には皇室典範を定めるとともに大日本帝国憲法を発布します。そして、明治二十三年の皇紀二五五〇年のときに橿原神宮を創建し、教育勅語を発布します。翌年には内村鑑三を教育勅語拝礼に関して不敬事件の生贄とし、天皇への不敬の内容を示すことで、日本の国のかたちの在り方、精神的な規程への糸口にたどりつくのです。

第三章　富家・富村・富国という夢——天に宝を積む営み——

明治十年代に日本のクリスチャン人口は最も増え、農村に教会が多数設立されます。この時期は明治十四年の政変にともなう大変革の時でもあり、そのなかで資本主義に向かう動きが出てきて農村が疲弊します。多くの大地主が誕生するとともに小作人が急激に増え、そうした状況にあって流浪する人びとの中には丸山教や金光教などの民衆宗教に入っていく者もあり、またキリスト教に入信する者もいたのです。

そうした動きのなかで、十年代から二十年代以降にかけて、クリスチャンたちはどんな夢を見、そしてどういうかたちでキリスト教から離れていったのでしょうか。

一　失意の果てに

教会の相貌—田舎と都市の間で—

明治十年代に農村にいくつも教会ができ、クリスチャンとなった村の青年たちは、その信仰的熱心さに衝かれるなかで、さまざまな方法で伝道をして歩きます。

その方法のひとつが聖書売捌人として人びとに聖書を売るなかで、キリストの福音を伝えるというものでした。彼ら聖書売捌人にはどこかから給料が支払われるわけではないので、古着を売りながら聖書を売って歩く者もありました。そのようにして農村教会が作られていきます。しかし、十年代の後半から二十年代になると、これらの農村教会は行き詰ります。

農村教会には二つのタイプがあって、一つは同族団によって作られる教会。このタイプの教会員は同じ一族からなり、多くは五、六軒の家で四〇人ぐらいの教会員がいました。このかたちでずっと生き延びた教会が山梨県にはいくつか残っています。山梨県では本家・分家を親分・子分と言いましたが、親分の家が入信すると子分の家もクリスチャンになる。こうして大きくなったのが甲府教会とか日下部教会です。そしてその教会員の財力によって設立されたのが山梨英和女学校です。

もう一つのタイプは町の有力な旦那衆によって支えられる教会。このタイプで最も古い教会が新島襄の故郷の群馬県安中教会の近くにある原市教会です。この教会は原市の半田という名門の家によって支えられた教会ですが、こうした教会では教会の運営はすべてそうした家の意向に従って行われました。日本のキリスト教史では、西上州の教会は養蚕製糸業とキリスト教の関係でずっと語られてきました。隅谷三喜男もそのように語った一人ですが、この背景には、ウェーバーの『プロテスタンティズムの倫理と資本主義の精神』があると言われてきました。しかし、よく調べてみるとそうではないように思われます。というのは、養蚕に関わる人たちには「耶蘇になると竈を返す」という言い伝えがあります。桑畑にかえ養蚕をやろうとした家はつぶれるという意味です。養蚕業はきわめて投機的で、たとえば、前橋や桐生の養蚕業者は軍隊や警察よりも早く電信を横浜から通じさせますが、それは横浜に入ってくるアメリカの相場の情報をいち早く知るためでした。それほどに養蚕農家が相場に翻弄されて潰れていくことがしばしばあったのです。

田中敬造と丹波教会田野講義所

京都府の丹波教会田野講義所は田中敬造という一信者によって支えられていましたが、彼は田野村の庄屋の一人息子でした。当時、養蚕は「天蚕、作蚕《さくさん》、しまいは分散」と言われました。天蚕、作蚕とは山繭、自然繭のことで、上質の絹糸になります。それがしまいには分散、要するに潰れてしまうと言われるほどに危険視されていたのです。

そうしたなかで、田中は村を富まそうと殖産興業に尽力し、政府が奨励した天蚕、作蚕の飼育に応じて、家の財産を注ぎこんで養蚕の研究と普及に努めました。彼は明治十九（一八八六）年に養蚕を学ぼうと愛媛県の大洲に行きますが、大洲教会の牧師は桜井ちかの夫昭悳《あきのり》で、彼のもとでキリスト教に出会い信仰に目覚めて帰ってきます。そして自作上層農民を中心に講義所をつくり、キリスト教を説くようになります。やがて桑の木を改良して「田野苗」を作り、水田を導入して村を豊かにしようとしますが、失敗して家の財産を全部失ってしまいます。松方財政の転換のなかで敗北したクリスチャンの一人です。そして彼の講義所から巣立った小北寅之助の勧誘により北海道開拓を決意し、一家再興をめざします。

半田卯内の足跡

東北は明治三十（一八九七）年ぐらいまではハリストス正教（ロシア正教）が圧倒的に強いところでしたが、ハリストスは日露戦争頃までは日本全国に大きな力をもっていました。

ハリストスの指導者はニコライですが、教団の日本での盛行は彼の力によるところが大きかったと言われています。戊辰戦争で敗北した仙台藩士たちは函館でニコライに出会い、日本の国をもう一度変えるためには精神の覚醒が重要であり、そのうえで国家を統一するにはキリスト教、なかでもハリストスへの改宗こそが必須だと確信し、故郷に帰って東北の伝道に邁進しました。そのなかの一人に半田卯内がいます。

宮城県の佐沼教会（明治二十年設立）に所属した半田は明治十二年に広通社という商社を設立しますが、同社設立にあたって次のような一文を草しています。

陸羽ノ人民タル者若シ今ニ於テ勇進敢為自治自活ノ精神気力ヲ発動スル無クンハ侘日臍ヲ噬ムトモ何ソ及ハン故ニ吾儔ハ各其資産ヲ擲チ八万円ノ資金ヲ以テ一社ヲ団結シ広ク天下ノ利ヲ通スル意ヲ取リ名ケテ広通社ト曰ヒ、先我カ陸羽所産ノ尤物ナル米豆ニ就テ其商戦ヲ試ミシニ其間未ダ一歳ニ満タスト雖モ業ニ既ニ其功績ヲ奏シ得タル者鮮シトセサレハ、今後ハ益々衆力ヲ団結シ金権ヲ拡張シテ以テ十分野蒜ノ新商戦地ニ堂々タル陣営ヲ張ラントス

当時、佐沼には約八〇〇戸が暮らしており、そのうち三一九人がハリストスの信者でしたが、彼らのほとんどが広通社に入社しました。半田は家屋敷を処分して資金を作り、肝煎として経営に参画します。彼

らは横山の製糸場、石巻の出張所を作り、また大久保利通の構想に従って野蒜に港を造り、そこから東京をはじめ各地に物産を送り出して新しい商業を展開しようとしました。さらに東京で米相場を張り、伝道のために巨額の資金の入手を目論みます。しかし経済の流れの激変により失敗し、一四万八〇〇〇円という巨額の損害を蒙ってしまいます。町の有産階級の三分の二が倒産したのですから、町周辺の経済はガタガタになります。そうした状況は全国各地に見られたのです。

半田は自分の財産を全て処分し、小学校の用務員などを勤めながら細々と暮らしをたてますが、やがて彼の能力が認められて登米郡の書記となり、さらに亘理郡長から明治四十一年には登米郡長になって地方改良に尽力して生涯を終えます。

そうした彼のハリストス信仰ですが、キリスト教徒である彼がなしたのは御真影の奉戴、奉安殿の建設、敬神崇祖の精神修行といった、国家の器としての市民活動です。もともとハリストスは国家と対立するのではなくて、きわめて友好的なのです。たとえば、教育勅語に対する最初のキリスト教側の解説を書いたのはハリストスのグループです。それゆえに彼は社会的に立ち直ることが可能だったとも言えます。彼の生き方にみられるのは、クリスチャンとなった人が物質的に打撃を蒙ると、その信仰が本来的なハリスティアンであることよりも社会的な規範のなかに入っていくことにより生きていく、そうした一例でもあります。

教会から離れていった人びと

大石保は土佐の民権グループが経営した共立学校で学びますが、同校では神学者の柏井園《えん》、ジャーナリストの田岡嶺雲らと同級生でした。明治十七（一八八四）年頃に片岡健吉の勧めでキリスト教に入り、二十年に築地にあった明治学院の神学部に入り、二十三年に赤坂教会、その後は大阪北教会、両国教会と牧師に就任しますが、その間に信仰的な一大変化を来します。彼が書いたものによると「宗教家は教壇に登りて説教し、我が口より人の耳に伝へて、個々の人を導くを教会の本務と心得居れるが、真に人を救はんと欲すれば、霊の方面のみならず大に肉の方面に注意し、先づ彼等に麵麭を与へて道を説くにあらざれば、其の効果を期するを得ずと信ずるに至れるなり」とあります。信仰を説いてもパンを与えねば人は救えないというのです。かかる思いのうちに彼は企業を興すことを決意し、明治四十五年に帝国実業貯蓄銀行を設立します。さらに大正四（一九一五）年には本所区の区会議員になり、大正十二年には関東大震災で母と妻と妹を失いますが、翌年に東京府会議長となり、その後まもなく亡くなります。

彼が書いたものを見ると、教会に愛想を尽かしたとも言うべき彼の思いが伝わってきます。教会に問題が多すぎるというのです。教会は数多く作られたがその三分の二は牧師がまともにいないような教会であるとか、教会員と牧師の不調和が目立ちすぎるとか、牧師の更迭が頻繁で牧師に対する尊敬が見えないのは日本に固有のことだ、などと厳しい指摘に満ちています。明治二十年代ごろから日本のキリスト教会のなかに教会自給論が盛んになりますが、その根底には教会がそれまで宣教師にすべて依存してきたことに対する反発があります。日本で最初にクリスチャンになった人たちは、生活のためにクリスチャンになった人（ライス・クリスチャン）だと言われる状況が一方にあり、そうした問題がこのとき一挙に噴出します。しかも新神学が入ってきて神学理論だけは盛んになっている。そして輸入神学に翻弄される牧師の問題を大石は指摘するわけです。なかでも彼が強く訴えたのは、パンを与えずに信仰の話ばかりしても教会員にはなんの助けにならないということで、そうした思いから彼は教会を飛び出し、社会に活動の場を移したのです。

この前後から日本の代表的なクリスチャンと言われる人たちも変わっていきます。たとえば横浜で最初にバラから洗礼を受けて横浜バンドの有力な一員であり東北学院の前身を作った押川方義《まさよし》です。新潟や仙台で激しい伝道を行ったり、日清戦争前の問題のなかで海外に基盤を作ろうと韓国伝道にのめり込んだりもします。さらに北海道開拓伝道に場を移します。北海道の遠軽《えんがる》町に学田というところがありますが、これは国から払い下げてもらうために彼が拓いた土地です。当時政府は資金を出して開拓させた土地が行き詰まると、野心を持つ人たちに何年間かそこを開拓すれば払い下げるという形をとっていたのですが、クリスチャンたちが結社をつくって北海道に行くときは、多くがこうした政策に乗る形をとりました。そうしたなかで孤児院などを経営して収益を上げようとしたものもありました。押川もそうしたやり方で北海道伝道を志すのですが、やがて国家に入っていくことによって日本のキリスト教化を考えるようになります。それゆえ彼は後に愛媛から代議士になるのです。

熊本バンドの一人で横井小楠の長男横井時雄も教会を飛び出した人です。横井は愛媛の今治教会、東京の本郷教会の牧師をつとめ、同志社の社長にまでなります。やがて同志社を辞め、逓信省の官房長になり、さらに岡山から衆議院に立候補して立憲政友会の代議士になりますが、晩年には日本製糖の汚職事件で監獄に入ります。内村鑑三が不敬事件で住む家がなかったとき、内村のためにさまざまに骨を折った人物で、内村は終生横井に恩義を感じ、彼が死んだとき真っ先に駆けつけて告別の辞を述べています。

金森通倫《みちとも》も熊本バンドの一人で、同志社を卒業後に岡山教会の牧師となり、第三回全国基督教信徒大親睦会に幹部として出席しています。その後、同志社普通学校長兼神学校長、東京の番町教会牧師を務めますが、明治三十二（一八九八）年、キリスト教を棄てたと言って大蔵省の嘱託になり、貯金奨励運動に精力を注ぎます。妻の死をきっかけにキリスト教への再入信を表明して救世軍に入り、さらにホーリネスに行きます。

こうした姿を見ると、時代に翻弄されるなかで文明の宗教に惹かれて入信し、社会で何かするための地歩を得たい、という思いが彼らの生き方のなかに表れているように思われます。

二　信仰と経済―協同体への模索―

小北寅之助の事蹟

アダム・スミスの『国富論』はいわば日本の経済学の原点ですが、小北寅之助は『国富論』に書かれた分業と協業に注目します。すなわち、一つのピンを生産するのには針金を作る工程、針金を切る工程、そしてそれに頭を付ける工程があるが、一人がこれを全てやろうとすると一日一本できるかどうかであるのにたいして、分業でやればたくさんできる、という話を例に分業の効率の良さを『国富論』は語っています。彼はそうした話を同志社に宣教師として来たラーネッドから聞いたのですが、ラーネッドはこのたとえ話を錦絵の製作工程に置き換えて語ったのです。錦絵は絵を描く人、そして版木を彫る人、さらにそれに色を載せて摺る人の協業により生産されますが、それを一人でやるとすれば至難の業であることは日本人ならばすぐ理解できる、分業と協業をしていくことが、経済生産性のうえで重要だという話をラーネッドから聞いたのです。小北はロマ書一二章をこの話に重ねて読みました。

小北は同志社に入る前は丹波教会の一信者でしたが、立身し富を得たいと思って京都に出、山本覚馬（新島襄夫人の兄）の元に身を寄せて同志社に通い、やがて牧師になります。彼が昭和五（一九三〇）年に書いたと思われる「恩の証明―余が信仰の経歴」に次のような箇所があります。

羅馬書第十二章を現代の思想を以て解釈して見ると其中に今日の社会の最も適切なる実に驚くべき真理がある。生活問題を解決する鍵がある。各人が各天より賜はりたる特長で発起し之を活用すると共にキリストに於て同心一体となることは現代に於て成功する秘訣である。余の郷里より渡道したる数名の信者はキリストに於て一体となつて居つたが彼等の組織せる会社は暫時の間に巨万の財産を造つた。キリストの教を奉ずる者は精神的に一致する。此一致は金銭や名誉で繋だものよりも遙かに強固なものである。余の兄弟は六人であるが皆キリストを信じて居るから自然精神的の一致が出来るようになつた。

明治四十一（一九〇八）年に書いて一族に配った『信仰ト経済』の冒頭には「人はパンのみにて生くるものに非ず。唯神の口より出る凡の言に因ると録されたり。馬太伝四章四節」「基督の複音は一家の経済に向つて如何の光明を与ふる乎、これ人々に聞かんと欲する所なるべし。此冊子は此問題を実地に解決したるもの也。往年、此世を逝り給ひし伯母上の紀年会に際し此書を綴り之を献ぐ」とあります。一族が伯母の記念会に集まったときにこのパンフレットで改めて一族の団結を訴えたのです。

ロマ書一二章三〜五節には「わたしは、自分に与えられた恵みによって、あなたがたひとりびとりに言う。思うべき限度を越えて思いあがることなく、むしろ、神が各自に分け与えられた信仰の量りにしたがって、慎み深く思うべきである。なぜなら、一つのからだにたくさんの肢体があるが、それらの肢体がみな同じ働きをしてはいないように、私たちも数は多いが、キリストにあって一つのからだであり、また各自は互いに肢体だからである」とありますが、小北はこの箇所をアダム・スミスの「分業論と協業論」に当てはめて読んだのです。人はみなそれぞれ能力をもっているから、その能力を働かせつつ団結していけば富を得ることができる、というのが彼の読み方です。聖書は共同生活を基本とするかたちで書いてありますが、『信仰ト経済』においては一族同朋が結集し、同朋会を作ることで一族をまとめていこうとしたのです。

弟の小北甚之助が北海道の比布《ぴっぷ》に入植して山林を経営し、日露戦争後に木材の景気がよくなると、その木材景気に合わせて名寄《なよろ》に木工所を開きます。それと同時に牧師をしていた寅之助が天塩《てしお》教会（現在の名寄教会）を開き、やがて木工所の収益でその教会を支えるようになります。さらに、一族のなかの一人を神学校に行かせ、やがてその子が牧師となって教会を牧する。そういうかたちで天塩教会を支え続けました。

小北が抱き続けた思いは、教会があってもその経営が経済的に苦しかったり、信者の生活が貧しかったら何で信仰を世に問うことができるか、ということでした。それ故、教会は自給体制をとることができなければならないし、信者は信仰をもてば経済的にも成功しなければならない、と言うのです。小北自身はやがて天塩教会が大きくなると札幌で牧師となり、新たな展開を考えます。

日本では神学的に教会を考える人たちはきわめて観念的な教会形成を考えますが、実際には、中核になる一族（マケ）が軸となって教会を運営し、その経済基盤に頼ることによって、あるいはその一族の経営する職場に教会員や求道者たちが働くことによって教会を地に根づかせる、そうした教会形成が行われることがむしろ多かったと言えます。

ヤマザキパンの創業者飯島藤十郎一家

日本ホーリネス教団池の上キリスト教会は現在は東京の三鷹にありますが、この教会の初代牧師である山根可弌《よしいち》はそれ以前は警視庁の巡査をやっていた人物で、それが目覚めて牧師となり、戦後、東京世田谷区の代沢に教会を作ったのが伝道の初めです。教会はやがて新宿区下落合に移ります。

この山根の教会で昭和四十八（一九七三）年に、ヤマザキパンの創業者で社主の飯島藤十郎と夫人の和、そして息子で常務の延浩が受洗します。そのきっかけは、飯島が同社の監査役に訴えられて社内が混乱し追い詰められていたとき、息子が受洗を提案し、藤十郎と和が洗礼を受け入れ、精神的に親子の一致が成ったというのです。その十一日後にヤマザキパンの工場が火事にあって焼失します。この火事の翌日、藤十郎は教会に出向き山根牧師の前で「この火災はヤマザキパンがあまりにも事業本位に仕事を進めてきたことに対する神の戒めです。これからのヤマザキは神のみこころにかなう会社に生まれかわります」と祈った、と教会報に記してあります。

その後、飯島家では毎週、一麦会という家庭集会を行い、その集会のなかで藤十郎は必ず「三鷹の地に命の川の流れ出るように」という祈りをしました。そして下落合の教会が新たな会堂建設地を探さなければならなくなったときに、妻の夢のなかに社主が死ぬ前に「杉の皮でふく、真っ赤な血でふく」と大声で叫んでいる姿が見えたと言います。そしてその夢告にもとづいて妻は教会のために自分の土地を提供しますが、それには「わが霊をすべての肉なる者に注ぐ。あなたがたのむすこ、娘は預言をし、あなたがたの老人たちは夢を見、あなたがたの若者たちは幻を見る」というヨエル書第二章二八節の預言が頭の中をよぎったというのです。そして三鷹にある自分の家の一部三〇〇坪ほどの土地を教会に提供し、建設費八億五千万のうち七億円を飯島家が負担して教会堂をつくります。そして祈りの家、神の家族の家、癒しの家として三〇〇人出席の礼拝の実現をめざします。

森本慶三と津山基督教図書館

森本慶三は無教会のクリスチャンで、戦争中は矢内原忠雄などと共同戦線を張った人です。岡山県津山の大きな呉服屋の主人で、津山の銀行の頭取を勤めました。彼は津山基督教図書館を作りますが、大正十五（一九二六）年に行われたこの図書館の開館式で、内村鑑三が「世界最大の書としての聖書」という講演をしたことで知られます。津山市にはこの基督教図書館があったので、戦後長いこと市立図書館が作られませんでした。さらに幕末には洋学の拠点でもあったこの町に全財産を投じて津山科学教育博物館を作ってもいます。戦後、津山基督教図書館高等学校夜間部を開き、郡是製絲株式会社（現在の下着メーカーのグンゼ）で働く女子労働者たちが通えるようにしました。

彼の追悼集は『天に宝を積む』となっています。これは「あなたがたは自分のために、虫が食い、さびがつき、また、盗人らが押し入って盗み出すような地上に、宝をたくわえてはならない。むしろ自分のために、虫も食わず、さびもつかず、また、盗人らが押し入って盗むこともない天に、宝をたくわえなさい」（マタイ六章一九〜二〇節）から取った題名で、天に宝をたくわえるというのは、一つは自分の信仰的な証をしようということですが、もう一つ具体的に目に見えるかたちでこの世的に何か示していくということでもあります。小北の場合は北海道での事業ですし、森本の場合はその信仰の証が図書館や学校になるのです。

天に宝を積む――「司馬温公家訓」の世界――

明治以来の日本のクリスチャンは「天に宝を積む」という聖書の言葉を、聖書の言葉どおり受け入れたのではなくて、その前からあった思想的な基盤に重ねて読み取ったと考えられます。

司馬温公（司馬光）の書いた中国の歴史書『資治通鑑』は、江戸時代の大名や将軍に政治指南書として読まれ、明治になっても多くの人に読まれましたが、その司馬温公の「司馬温公家訓」に次のような一節があります。

積金以遺子孫　子孫未必守　積書以遺子孫　子孫未必読　不如積陰徳於冥々之中　以為子孫長久之計

此先賢之格言　及後人之亀鑑

温公は専ら陰徳を積めと言っているのですが、これを記した書が豪農の家などによく掛けられていました。矢内原忠雄は医者の息子ですが、家にこの書が掛かっていてそれが頭にしみついていると語っています。そうした素地があるので、聖書の「天に宝を積め」という言葉を素直に受け入れることができたとも考えられます。

こういうかたちでクリスチャンの在り方をとらえると、日本のクリスチャンがどこに根ざし、信仰の在り方をどういうかたちで考えていたかが見えてきます。

三　都市教会と農村教会の乖離

内村鑑三と農村伝道

明治の前半期、日本は西洋農学を懸命に受け入れようとしました。

今の新宿御苑は明治の初期まで信州高遠藩の下屋敷でしたが、大蔵省に売却され牧畜園芸の改良を目的とした内藤新宿試験場となりました。その後、内務省勧業寮に引き継がれ、欧米の野菜の普及などのためめに実験的にトマトなどを作っていました。こうした動きを民間で行ったのが津田梅子の父の津田仙で、彼は東京麻布に農産物の輸入・栽培・販売や農産についての書籍・雑誌の出版などを事業とする学農社と、新しい農業の指導者養成の学農社農学校を設立します。内村鑑三は札幌農学校をやめてここの教師になるとともに、『農業雑誌』の編集をして新しい農学の普及に努めました。同時に欧米の農学の知識を使いながらキリスト教の農村への伝道を行ってもいました。

しかし結局は、こうした農業は現地の実際に合わず行き詰まります。そして明治の後半になると、大学で農業や農学を学んだ人たちが登場して彼らが指導者になります。これら「有能高邁な指導者」には農業博物学の田中芳男、農業経済学の横井時敬、農政学の新渡戸稲造、植物病理学の宮部金吾らがいますが、彼らの知識がしだいに農村に入っていくようになります。

内村鑑三という磁場

内村鑑三はかつて水産伝習所（のちの東京水産大学）で教師をしていたとき、水産実習で学生を房総に連れていったことがありました。漁具の改良などをやっていたのですが、村の長老から、漁師たちは漁で魚が捕れて金が入ると博打を打ったり女に入れあげたりで、あなたがいくら熱心にやっても耳なんか貸さない、と聞かされて、村の改革には精神の改革が必須だと気づき、それで伝道者になる決意をします。そして「神学耶農学耶」や「農民救済策としての基督教伝道」などを論述し、「余は空想に走り易き日本国の青年に向つては神学を究めんよりは農学を究めんことを勧めたく思ふ者」と言い切ります。

内村はやがて世間的にも存在感を示していきますが、明治末年に『慶應義塾学報』が掲載した「キリスト教会の名士」という人物評には、海老名弾正や植村正久らと並んで内村のことが「地方に多数の崇拝者を有しおる人なるも、近接して見れば案外な人也。狭量にして意地悪く、長く人と事業を共にし得る人に非ず。『独立雑誌』の廃刊は、最もよく氏の欠点を暴露したるものなり。文章は達筆なり。その筆には一種の魔力を有す。筆の伝道者としては恐らく海老名以上なるべし」と記されます。ここには世間がいかにきびしく内村を見ているかが示されていますが、その文章には魔力があり、演説は人を惹きつけてやまないものがある。彼の演説には話したことがそのまま文章になるようなところがあって、彼の話を聞いて入信した人は数多かったと言います。森本慶三もその一人です。

内村は『聖書之研究』を出しますが、聖書の講解を載せてこれほどに売れた雑誌は他にないと思われるほどに売れ、内村はかなりの財を成したと言います。そのため聖書の話をして金をとる、ということで、キリスト教界での内村の評判はひどく悪いものでした。

ピアソンは長年北海道を伝道してまわった宣教師で、北見にはピアソン記念館があり、彼の家がいまも保存されていますが、そのピアソンが『聖書之研究』の読者を「内村宗」と言っています。「内村宗」とは神を「我が心に迎へて」己が人生の指針にした人たちだとピアソンは言いますが、「宣教師ピアソンの危惧」とも書いています。内村鑑三の『聖書之研究』はキリスト教に惹かれ、聖書を読みながら、行くべき教会もない、牧師もやってこない、そういう人たちにとって支えだと言うのです。北海道にはそうした人が多くおり、そして北海道で『聖書之研究』を購読していた人は、一方で『平民新聞』という社会主義の新聞の読者でもあるのです。それは取り遺された者の救いの場と言うべきものでした。

ピアソンは、「内村宗」の人たちは勝手に聖書を読んで、勝手に解釈していると嘆きます。そして、その嘆きが、ピアソン版聖書を作らせます。この聖書は頁の下部に略読が書いてあって、それを読むと聖書のその箇所が理解できるようになっているのですが、ピアソンがそういう聖書を作らざるをえなかったほどに、北海道には内村の書くものを生きる支えにした人たちがいたのです。これは取り遺された群れであり、本州のほうでも教会がなくなったけれど聖書は持っている、という農村の信者たちでした。

やがて内村はそうした人たちを「本誌年来の読者の信仰的並に友誼的団合」として明治三十八（一九〇五）年に教友会を組織します。この集まりは越後の柏崎・大鹿・三条、信濃の上田、東京の角筈、上総の鳴浜といった僻遠の地にまず出来上がります。そして内村は彼らのために泊まるところを作ろうと考えます。これは教会を作るのではなく、散在している者をいわば読書会的なものにまとめようという発想でした。それには内村なりの戦略論があったと思われます。

そうした戦略にもとづいて内村は『聖書之研究』の読者のところをまわります。彼が大事にしたのは、たとえば山形のリンゴ園主の奥山吉次のような各地の独立自営的な農業者たちで、そうしたところに彼の地盤はあったのです。そしてそれは一人で聖書を読み、行くべき教会もない、そういう人たちにとっての支えでもありました。

四　地の塩として―青年を発奮せしめた世界―

八雲の開拓者大島鍛

内村の講演で最も有名なのは明治二十七（一八九四）年の基督教青年会第六回夏期学校における「後世への最大遺物」です。この講演は箱根芦ノ湖湖畔の石内旅館で行われました（黒田清輝の湖畔で涼む女性を描いた絵はこの旅館の庭で描かれたものである）。この講演と、明治四十四年に聖書研究会で語られた「デンマルク国の話」は多くの人に影響を与えました。

「後世への最大遺物」は、人が後世に残すものには金、思想、文学などさまざまあるが、いまより少しでも良い世の中にするためにあなたがたは何を遺すか、という問いかけを基軸に展開します。逆にいうと、人生に落伍した人間にとって少しでも世のためになること、あるいは少しでも良い事をなしたことが自分の人生を意味あるものにする、そういった内容です。

これらの話に励まされた一人が、北海道八雲の開拓に入り、後に尾張徳川家の農場長になる大島鍛《きとう》です。幕末に尾張藩は御三家のなかで真っ先に朝廷側についたのですが、明治になって八雲の開拓に乗り出し、元藩士を移民させようとするがうまくいきません。それで移民となる少年を募集します。大島は明治十九年十六歳のとき第一回移民として八雲に入植し、その後将来の農業指導者となるべく、徳川家より派遣されて札幌農学校農芸伝習科に入ります。第三回移民では六歳下の弟の叔蔵が入植します。

大島の八雲の家には「土の家」と呼ぶ一室がありました。大島は自転車に本を積んで小学校を出たばかりの少年たちに本を配って歩き、夜になるとその本について大島の家で各人の感想を語り合いました。そのときに大島先生から『後世への最大遺物』や『デンマルク国の話』のことを聞かされ、そしてデンマルクのようにこの地を緑豊かな酪農王国にしようと夢を語り聞かされます。大島が遺した蔵書は『聖書』のほか『聖書之研究』『後世への最大遺物』などわずかでしたが、それらの書が開拓地で日々の労働に疲れた人たちに命を与えたのです。

八雲の農場には青年舎という学校のようなものが作られ、青年はそこで勉強しましたが、この青年舎には「三余」という額が掲げられていました。中国では「読書三余」と言いますが、それは本を読むのは冬、夜、雨の時、つまり農耕のできない時だということです。これは北海道の他の場所でも語られたことで、こうした事柄が移民たちの支えになりました。内村の磁場とはそうしたものでした。

大島鍛の没後五十年に、大島に教えを受けたかつての青年たちが「涙」という大島の追悼碑を作ります。石碑には「うきときも　うれしきときもせきあえず　ながるるものはなみだなりけり」と刻まれており、裏に「八雲町農村振興の恩人大島鍛先生の遺徳を永く記念するため」という銘文があります。八雲メソジスト教会は大島が中心となり、大島のもとで学んだ青年たちが作った教会です。

中村正直の『西国立志篇』

北海道の青年が『デンマルク国の話』とともに読んだのが、中村正直（敬宇）が翻訳して出版したスマイルズの『西国立志篇』（原題は Self-Help『自助論』）です。中村はかつては昌平坂学問所の教授で、開国後に西洋の知識を得たいと思いイギリス留学を願いますが、単独の留学は許されず幕臣の息子たちのイギリス留学に監督役で付いて行きます。そして帰ってきて、日本にキリスト教は必要だという上申書を出します。帰国にあたって、スマイルズの本を土産にもらい、帰国途次の船中でその本を読んで感激します。

スマイルズの『自助論』は、イギリスに労働者階級が出現すると、彼らはそれまで馴れない週給なので、賃金をもらうや直ぐにパンや酒にほとんど使ってしまい、週末には水を飲むという暮らしに喘いでいる。そういう人たちを勇気づけるために、自助で成功した人たちの列伝を集めた本です。信仰心が篤く禁欲して成功した人びとの物語を書くことで、イギリスの中産階級下流の人たちへの伝道のメッセージの本となりました。

中村が日本に帰ってくると、慶喜は幽閉されて徳川家は没落し、御家人や旗本たちはみな静岡に移って貧しい絶望的な暮らしをしていました。そうした彼らを勇気づけるために、中村はこの本を翻訳して自助を説いたのです。また静岡では山岡鉄舟が清水の次郎長に三方ヶ原の開拓をやらせますが、そこには次郎長の子分たちとともに旗本や御家人が参加していました。この本はまさに落ちぶれた幕臣たち、絶望した人間たちを励ます本として出版されたのです。

この本は出版されるやたちまち多くの読者に広く読まれ、『学問のすゝめ』と並ぶ当時のベストセラーになります。農村の者たちに世に出る方法を説いたものであり、それ故、一般には立身出世のテキストでもありました。本来スマイルズが意図したテキストの本質にあるのは、信仰的に立派だという前提があるのですが、日本では単に立身出世のテキストになったのです。

佐藤善七と北海道の酪農

北海道の人たちは中村が翻訳した本をまさに自助論的な読み方をしました。その一人に札幌の山鼻《やまはな》に自助園というリンゴ園を開設した佐藤善七がいます。

佐藤の祖父はもと仙台藩の人で、現在の伊達市に入植し、父が屯田兵募集に応じて山鼻屯田に入りました。佐藤は高等小学校卒業後、北海道庁に勤務しましたが小学校のときの事故がもとで骨膜炎を患い右足を切断します。その後道庁を退職し、『西国立志篇』に啓発されてリンゴ園の開設をします。自助園と命名されたリンゴ園は、「天は自ら助くる者を助く」という『西国立志篇』に記された言葉を信条にして経営されました。やがて彼は札幌メソジスト教会（現在の日本基督教団札幌教会）の会員になりますが、この札幌メソヂスト教会は内村鑑三らが作った札幌教会とは別の教会で、それで内村の札幌教会は後に札幌独立教会（現在の札幌独立キリスト教会）と称するようになります。

佐藤は自分の生活信条を次のように語っています。第一が「人間は他の動物と違って、神の経綸を果たすために作られたのであって、この世を良いものにするために個々の使命が与えられている。したがって人間は、自己の使命を見出し、これを果たすために働かなければならない」というもので、これは内村の『後世への最大遺物』のメッセージにつながるものです。第二が「独立自尊の精神を失ってはならないと同時に、他人のそれも尊重し、自己研鑽に努めるとともに、お互いがそれぞれの長所を持ち寄って相協力することによって、よい社会が建設され、よい国家ができ、この国家間の協力によって理想の世界が作られる。これ以外に平和な世界をつくる道はない」です。これはいわば協同社会主義とでも言うもので、安部磯雄をはじめとしてクリスチャンで社会主義者になった日本人は、みなこうした感覚で生きたのです。これは小北寅之助にもみられるものでした。

佐藤はリンゴ園を経営しながら北海道を乳と蜜とが流れる大地にしたいと願い、信仰の理想郷を夢見ますが、これはやがて黒沢西蔵や宇都宮仙太郎らとの連携により、北海道の酪農振興に結実します。黒沢西蔵は田中正造に心酔して闘い、北海道に渡ってその後酪農を志した人物です。現在の雪印乳業は北海道の農民たちが作った製酪販売組合が母体で、本来農民たちを代弁するものとして作られました。彼らは敗戦後、酪農技術者を育てる大学の設立を目指します。そこには農村青年の進学の道を整え、キリスト教信仰に基づく品性のすぐれた農業人を作りたいとの願いがありました。彼らが軸になって札幌教会を母体に北海道にキリスト教酪農大学の創立を企図し、後に政財界の援助によってキリスト教主義による酪農学園大学が誕生します。

北海道の開拓地には信仰の理想郷を求めてクリスチャン・コミュニティを作ろうとするさまざまな動きがあり、そこには大なり小なり内村の『聖書之研究』などを読むことによって、それを辛い労働のなかで生きる糧とした人びとがいたのです。

五　地方改良運動を担ったキリスト者

田園都市構想の夢

日露戦争で農村が疲弊したとき、村を立て直そうという国家の運動が地方改良運動として行われますが、その運動の支えになったのが明治四十一（一九〇八）年に出された戊申詔書でした。

明治の詔勅で重要なのは軍人勅諭と教育勅語と戊申詔書ですが、戊申詔書は本来、村の神社で村人たちに読み聞かせるものでした。その内容は「忠実業に服し、勤倹産を治め、惟れ信、惟れ義、醇厚俗を成し華を去り実に就き、荒怠相誡め」というもので、村ではこの詔書にもとづいて風俗改善、勤倹貯蓄、基本財産の形成などが奨励されました。

また内務省では日本の農村立て直しのために床次竹二郎をヨーロッパの農村視察に行かせますが、ヨーロッパの農村では学校で道徳教育などをやらなくても、村に必ずある教会がそうした部分を担っていることを見てきます。床次は日本に帰ってきて『田園都市』という本を出し、田園とともにある理想的な都市を作ろうとします。そして日本でそうした都市の中心たる教会の役割を担えるのは神社しかないと考えます。そのため、一村一社の体勢を固めるために、神社合併をもう一度強行します。徳冨蘆花はそのため「神社はお上が手を入れだしておかしくなった」と書いています。普通、村の神社には神主はいないので、一村一社にして神社の官社化をはかり、神主を公務員にします。そして民社のほうは祭のときに村民が順番に管理する、というやり方を強行します。それには、神社有地を村の土地にして村の財政を強化しようというねらいもありました。

しかし、この政策は結局、行き詰まり、それに代わって田園都市構想の実現がはかられます。ヨーロッパやアメリカにある田園都市は、いずれも工場村です。工場の周辺に労働者の住むところがあり、町の真ん中には広場があって、そこには託児所などがある。そうしたものを日本でも作りたいと考えたのですが、結局、日本で出来あがったのは職住が接近した都市ではなく、ひたすら居住するだけの東京の田園調布のような町でした。

唯一例外といえるのが、東京大田区の多摩川沿いにかつて存在した黒沢村で、これは黒沢商店という文具製造会社が作った工場村です。この会社の創業者黒沢貞次郎は若き日にアメリカに渡り、働きながらタイプライター製造の特許権を持ち帰って財を成し、この工場村を作ったのです。彼はアメリカでクリスチャンとなりますが、自分が作った工場村に教会を作り、家族一同を教会員にします。また従業員たちのための雑誌を作りましたが、その雑誌に必ず英文で聖書の話を書きました。そうしたなかで、黒沢はまさに工場の家父長的存在として君臨したのです。

日本ではそのようにアメリカに行ってキリスト教に触れ、帰って財を成した人たちが多くいました。たとえば靴屋のアメリカ屋、あるいはクリーニング業の白洋舎などです。彼らはやはり『後世への最大遺物』や『西国立志篇』に発奮して渡米した人たちだと思われます。

内村と農村改良運動

こうしたなかで、地方改良運動を精神的に担ったのは江戸時代後期の農業指導者二宮尊徳ですが、彼の考えに共鳴し報徳運動を進めた一人が留岡幸助です。留岡はクリスチャンで岡山県の高梁教会の会員でしたが、同志社に進学して牧師となり、さらに北海道の空知集治監の教誨師になって、原胤昭などと一緒に活動した人です。彼は犯罪者はほとんどが幼いときの家庭環境に問題があると考え、その少年たちを教護しようと東京の巣鴨に家庭学校を作り、北海道の遠軽に北海道家庭学校を作ります。

そうした流れのなかで内村が関わった人物に上総一宮藩主だった加納久宜《ひさよし》がいます。加納は息子が内村鑑三の聖書研究会に出ていた関係でクリスチャンとなった人物です。彼は明治二十七（一九八四）年に知事として鹿児島県に赴任し、西南戦争で以降低迷していた農業をはじめとする産業の立て直しに成功しています。加納の家は今の東京大田区の山王にありましたが、彼の住む町を改良したいと学務委員になったりもします。その後、故郷の千葉県の一宮が日露戦争の後に疲弊していたため、改革すべく故郷に戻って町長になります。山王の加納の家に内村鑑三を呼び、女中や下男までみな集めて演説会を催すといった、新しい家庭像を作ったりもしています。また加納が一宮に帰ってきたときには婦人会などさまざまな会を組織して矯風運動をやり、そうしたなかに内村を呼んで講演をさせたりしました。

また千葉県の鳴浜には海保竹松という人物がいますが、彼のところでは明治四十（一九〇七）年八月に基督教夏期懇話会がもたれ、そこに内村鑑三が出かけて行きました。海保の家は大地主で網元という旧家ですが、彼は自分の一家を継ぐものはクリスチャンでなければならないという遺言を遺します。海保が亡くなったときに弔辞を読んだ矢内原忠雄は、海保の信仰のあまりの強さが家族の分裂をもたらし、遺族は非常に気の毒だったと書いています。地方改良運動の行われた農村には、そうした人物がしばしばみられます。彼らのほとんどが触れたのが内村の『聖書之研究』であり、内村は地方改良運動に強い繋がりを持っていたのです。

一方、教会のほうは二十世紀大挙伝道を標榜し、教線拡張運動を図っていきます。こうした流れのなかで昭和になって農村福音学校が出てきます。

新渡戸・内村門下の若き牧民官たち

一高校長の新渡戸稲造から内村のところに流れていった者たちが、内務省の官僚として郡長などになり、地方改良運動を支える役割をします。新渡戸は一高で社会的観念（ソーシアリチイ）の養成を説き、そして円満に実社会で活躍しうる人間になれ、全体としての人間になれと言い、必要なのは社会奉仕の観念であり、縦の関係のほかに横の関係を大事にし、水平的に各人が協力して良い社会を作っていく、それが君ら選ばれた人間の使命だと説きます。そして学生の内面的陶冶、すなわち人格の成長と社会・国家の発展の調和を重んじます。かくして彼らは内村に架橋され、内村の集会に集うこととなります。

新渡戸の社会的功績は「太平洋の架け橋」ばかりでなく、『修養』なる本を明治四十四（一九一一）年実業之日本社から出版したことです。当時は大学教授が書くべきものではないと批判されますが、同社の雑誌にずっと連載したものです。『修養』が説くさまざまな講話は青年の立志とともに、人間は縦の関係ばかりでなく横の関係も大事にしろとか、私心を離れて公正な心で生きろ、といった内容でした。日露戦争後、田舎の小学校を終えて町に出、もっと勉学したいとの思いを抱きながら丁稚奉公をし、一所懸命働いている少年たちには、なんで自分は認められないのだとの思いが強くありましたが、『修養』に掲載されたさまざまな講話は、そうした少年や青年たちに強くアピールしたのです。

新渡戸が講話でもうひとつ語ったのは、人間は水平的な関係だけではなくて、人間との関係以上の何かがあるということです。新渡戸はキリスト教ではあるけども、その何かとは必ずしも神とは限らない。仏教ならば仏陀でも阿弥陀でもよい。神道ならば八百万の神でも差し支えない。何の宗教ということでなく、人間以上の何かあることに気づけ。そのことによって、もういっぺん己を見つめる目をもちなさい、というのが新渡戸が説きたかったことなのです。そして、そうしたものに啓発されて内村のもとに行った人たちは、まさにイエスに出会うのです。

新渡戸に啓発された人びとは日露戦争によって勝利の栄光に包まれた青年たちでもあるから、自分たちは国家に何ができるかという思いを強く持っていました。そうした人物には、次のような人たちがいました。

藤井　武

藤井は大正三（一九一四）年に山形県理事官となり、御大典記念事業の一環として山形県立自治講習所を作ります。それはデンマークの国民高等学校をモデルにしたもので、ヒントになったのは那須皓が訳した『国民高等学校と農村文明』です。彼が願ったのは、「地方青年ニ公民的知育及徳育ヲ授クルト共ニ農村生活ノ価値及趣味並農村興廃ノ原理及方策ニ関スル知識」というように、農村生活には価値があり、そして彼らに趣味や農村興廃の原理などの知識を授け、健全な村住みの指導者を養成したいということでした。それが「地方民ノ堅実ナル思想ヲ涵養シ、併セテ行政諸機関ノ当事者タルベキ適材ヲ養成セントスルニアリ」でした。

デンマークの国民高等学校には郷土史、郷土地理、地方財政、農政学、林政学といった科目がありましたが、藤井の作った講習所は六ヶ月の講習期間でこれらのことを教え、一年を前・後期に分けて各期三〇名ずつ養成しました。そして、ここを巣立った青年が戦後の山形県の農業協同組合などのリーダーになりました。藤井はこの事業をなし終えた後、役人を辞め、伝道者として内村のもとに行きます。

南原　繁

南原は後に東京大学の総長になりますが、内務省の役人として富山県の射水郡長に赴任し、この地で射水郡治水協議会を作ります。そして「神武以来の国土造り、世論喚起、下からの人心の盛り上がりによる治水・排水」を目ざします。南原の思いは、治水とは新しい国土造りであるから、単に国から資金を引き出して治水事業をやるのではなく、まず村人たちにそうした世論を盛り上げてやらなければならない、というものでした。彼はさらに射水郡立農業公民学校を作ります。設立の意図は「郷にいながらも、日本と世界の問題についても知識と教養をそなえた人間、同時に当地方の実状に鑑み、農業と結びついた勤労を尊ぶ公民、農業的公民」の養成、「農業を営み、農村に居て、役場の吏員、農業組合の役員なりを勤め、郷土を立派につくって行く人間」の養成でした。まさに村を興し国を興す人材の養成を思い描いたのです。

藤井や南原の活動は、村を興すのは村人であり、その村人たちを自覚的に自立させるなかでいかに主体的に動く精神をもたらすか、という思いに根ざすものでした。これは内村門下生たちに共通するものと言えます。

前田多門

前田は戦後初の文部大臣になりますが、初め新渡戸稲造のような社会教育家になりたいと願い、内務省に入って群馬県利根郡や神奈川県三浦郡の郡長になります。そして内村鑑三の講演会を主催したり、青年会の巡回文庫や町村巡回の活動写真で勧業・衛生講話などを行い、公民教育を目論みます。彼が強く意識したのは、国民とは縦の関係に注目した概念だが、公民とは横の関係に注目した観念だということでした。彼は国民の自発的観念によって国家は作られなければならないとし、熱く公民教育論を語りました。そして強権と服従だけ強調した上下の関係ではなく、社会生活における共存共栄の相互の関係における横の関係によって公民が育っていかねばならないと言い、その公民に期待するのは自己統治能力であり、秩序形成能力だと言いました。

前田は戦後、文部大臣になったとき占領軍に呼ばれ、どういう教育をやるのか、いままでに何が足りなかったかを問われます。そこで、足りないのは civics（今でいう市民教育）だと答えると、その civics を育てることをやってほしいと要請され、戦後の文部省行政はそれを目指しました。その結果、教育基本法のなかに南原や前田や矢内原らの考えが実ったのです。前田がここで言った civics が、日本の戦後教育で育つことは結局ありませんでしたが、戦後改革のときに地に根ざす活動のできる素地は内村門下生に備わっていたのです。

青山　士《あきら》

青山は土木治水事業に大きな足跡を残しました。彼に大きな影響を与えたのは内村鑑三ですが、土木のほうでは内村と一緒に札幌農学校を卒業した広井勇という人物です。この広井勇が造ったのが現在も残る小樽港のコンクリート製の北防波堤です。

青山は内村の『後世への最大遺物』に感激し、東京新宿の角筈で行われた内村の夏期講談会に参加したときの参加記を『聖書之研究』(二一五号)に寄せています。

此賤しきものを爾の器となし給ひて爾の為め、我国の為め、我村の為め、我家の為めに御使ひ給はんことを、又私は信仰弱きものであります。故に或は悪魔の誘ひの為めに、あなた、あなたの御子及師又は兄弟を売るに至らんことを恐るゝものであります、願くは御恩寵によりまして、どうぞ永遠に斯ることとなからしめ給はんことを

内村はこの記事に感激したことを『聖書之研究』に書いています。ここでみられる「我国の為め、我村の為め、我家の為め」がクリスチャンの信仰的な支えになっていたのです。

青山は帝国大学工科大学を出ると一労働者としてパナマ運河の建設に参加しますが、能力を認められて設計にまわされます。そして帰国して内務省土木局に入りますが、彼がそこでやった大きな仕事は大正十三(一九二四)年に完成した荒川放水路建設です。このときの最大の難事業であった岩淵水門の完成碑には「此ノ工事ノ完成ニアタリ多大ナル犠牲ト労役トヲ払ヒタル我等ノ仲間ヲ記憶センカ為ニ」とあり、そ

の後に関係者のお偉方の名前は一行も記されず、「神武天皇紀元二千五百八十二年　荒川改修工事ニ従ヘル者ニ依テ」と締めくくられています。この完成により東京は毎年のように繰り返された氾濫から免れたのです。

次にやったのが信濃川の大河津分水工事です。昭和六（一九三一）年に補修工事従業員一同により建てられた記念碑には「本工事竣成のため四星霜の久しきに亘りて吾等と吾等の僚友が払ひし労苦と犠牲とを永遠に記念せんがために」とあり、そして「神武天皇紀元二千五百九十一年六月　信濃川補修工事　従業員一同」とあるだけで、関係者の名前はやはり一行も記されていません。さらに信濃川補修工事竣工記念碑の銘板には「万象ニ天意ヲ覚ル者ハ幸ナリ　人類ノ為メ国ノ為メ」とあり、それぞれの語の後にその内容を意味するエスペラントが書かれているのです。

この二つの記念碑に見てとれるのは、天に宝を積んだ者のこの世における具体的な信仰の証だと言えましょう。また、完成年月日を皇紀で書いているところに彼らの意識を見なければなりません。これは単に天皇制云々という問題ではなくて、彼らのなかにはそうした日本の国のかたちが根づいてしまっているということです。そうした思いに引きずられながら、一方ではこの世の信仰を鍛えていきながら、国家と向き合って何をすべきかを考えています。その根底にあるのは、家を富ませ、村を富ませ、国を富ませるという発想です。だからこそ信仰の証をしようとしたのです。ただこのことが一家一族に受け継がれるどうかが問題です。そのため内村鑑三は家の憲法を作っています。家訓あるいは家憲といったかたちで、一族に信仰をとり込んでいこうとしたのです。

第四章　北の大地で――辺境に生きた人びと――

一　開拓と宗教―中条政恒の提言―

明治の三大開拓

明治期に関東から東北地方にかけて三本木開拓、那須野開拓、安積《あさか》開拓という三つの大開拓が行われました。

三本木開拓は、十和田湖の水を疎水として使うことによって今の十和田市を拓いた開拓です。これを成し遂げたのは新渡戸伝《つとう》（稲造の祖父）で、大変な困難ののち開拓に成功します。十和田市には新渡戸記念館がありますが、その横に建つ太素塚《たいそづか》には、伝と、稲造の父の十次郎、兄の七郎・稲吉の墓があります。稲造は初め稲之助と名づけられますが、これは十和田を開拓して水田を作り稲を植えたいという願いを込めて祖父が命名したと言われます。

那須野開拓は、三島通庸が中心になって行われました。三島通庸は自由民権運動を弾圧した悪役として知られますが、山形県の県令として医学校を作ったり、大久保利通の構想をもとに、山形から東京まで縦貫道を通し、内陸の開発をはかった人物でもあります。彼は山形・福島・栃木の県令を歴任し、それ故に徴税や道路開発への徴発にたいする地元の反発、さらにそれへの弾圧から民権運動の弾圧者と目されますが、政治家としては民権派よりよほどしたたかに内陸開発の構想をもった人物でした。栃木県の那須野の開拓はその一環ですが、かなり厳しいものでした。

安積開拓は、猪苗代湖の疎水を使って福島県が行ったもので、これを中心となって進めたのは小説家中条（宮本）百合子の祖父中条政恒ですが、その開拓地の風景を描いたものが百合子の『貧しき人々の群』です。この地を開拓するにあたって県は郡山の商人たちに資金を出させますが、開拓のようすを見に多くの人が訪れます。それらの人びとのために明治九（一八七六）年に開成山に安積郡の遥拝所を設けますが、このときのことを「開成社記録」は「東奔西走日夜焦慮人民ヲ慰安スルノ道ヲ講シ、開拓地ヲ一村トナシ、他村ニ属セシメサルノ意ヲ示シ、離森ヲ開成山ト改称シ、遥拝所ヲ設ケ、山上山下花卉ヲ植ヱ、遊園ト為スコトヲ謀ル」と記しています。

神社合祀の愚策

「遥拝所設立趣旨告諭」には、左記のような記述があります。

東奥ノ民ハ久敷覇政ニ漸染シ、今日維新ノ隆時ニ会シテ尚未タ国帝ヲ尊ヒ国祖ニ報ユルヲ知ラサルニ似タリ、嗚呼是般開成山ニ於テ遥拝所ヲ設ケ、貧民流民愚婦ト雖此大義ニ遵行セシムル所以ノ大旨ナリ、四月三日神武帝ノ御祭事ニ歓欣鼓躍シテ遥拝式ヲ行ハヽ、皆以テ国祖ニ報ユルヲ知リ、十一月三日天長節ニ逢ヒ抃舞揚踏シテ遥拝ヲ行ハヽ、皆以テ国帝ヲ尊フヲ知ルヘシ

東北の人びとは久しく幕府の圧政に喘いできたため、天皇を尊び国の祖に報いる道を知らない。そこで開成山に遥拝所を設けて彼らに天皇や国祖を敬わせよう。四月三日の神武天皇祭にはみなが遙拝式を行って国祖を敬うことを学び、十一月三日の天長節のときに集まって歌ったり踊ったりして皇居の遙拝をすればみなが天皇を尊ぶようになろう、というのです。

ここではまだ天皇とは言わず国帝と記しています。「開成社記録」はこの遙拝所のあたり一面に草花を植えて公園としたと記しています。県はやがてここを開成山大神宮として安積開墾地の惣社にすることを計画します。そのため遙拝所のまわりに桜を植え、さまざまな花を植えて、そこに祭りのときに開拓民と周辺住民が集まって精神的共有性をもつことを謀ったのです。

実際に開成山のまわりに開拓で入った人たちは、鳥取県の士族は宇倍神社、高知県の士族は八菅神社、棚倉県の士族は三柱神社、愛媛県の士族は三島神社というようにそれぞれの故郷の神をみな持ってきてそれを祀っていました。それぞれの神社の氏子には各出身地の末裔しかなれませんが、ここに実は、日本の神信仰の重要なポイントがあります。現在では、明治から昭和初頭の日本を短絡的に国家神道と言いますが、すべてが官社であればそう言えるかもしれない。しかし、圧倒的多数は民社、すなわち村里にある鎮守の社であり、それがその地域の人びとにとっての唯一の神様なのです。

先にも述べたように、明治政府は全国を国家祭祀に取り込もうと考え、明治の初期、各集落の神社に書

上を出させていくつかの神社にまとめようとしました。京都の下鴨神社には周囲に小さい社がたくさんありますが、これはあのあたり一帯の神社を何年もかけて下鴨神社に統合しようと画策し、結局は出来なかった名残なのです。各集落の神社が下鴨神社の末社とか摂社として周辺に残ったのです。政府は明治末年にもまた神社合祀をやろうとし、やはり失敗します。村人には各村の鎮守祭祀が最も大事なのです。

開拓地には移住者たちを精神的にまとめる器が必要です。その器として郷党の神々をそれぞれの故郷から持ってきましたが、それらの各入植地をまとめる大きな器として、開成山大神宮のようなものをその上に作る、というのが明治政府の発想だったのです。

二　北海道開教事始

日本中世史の縮図

蝦夷地は「皇国ノ北門」と言われました。さらに東本願寺の「北海道開拓願書」には「蝦夷開拓ハ皇威隆替ノ関スル所」との思いで「異教に流れ不申様」「報御国恩度」自分たちは率先して蝦夷地開拓をする、と言うのです。

東本願寺がこうした願書を提出したのは、松前藩領に末寺を作ることのできた寺は浄土真宗では東本願寺だけだったからです。また松前に出かけて行って商売をやったのは近江商人をはじめとした真宗の門徒ですが、その近江商人のかなりの部分は西本願寺系でした。そこで彼らは松前に行って東本願寺系の寺に仮に寄留をするしかない。それで西本願寺に対して蝦夷地に進出してくれと盛んに嘆願しますが、幕府は西本願寺を警戒して認めなかった。そうしたことから明治維新のとき西本願寺は長州藩側に付き、倒幕軍に大量の資金を提供しました。それには安芸門徒などとの関係もあります。一方、東本願寺は太平洋岸の尾去別《おさるべつ》（現伊達市）から札幌に通じる道を、門徒を使って、一年あまりで真っ先に開きます。そのため札幌に最初に足を下ろすのは東本願寺です。これはロシアに対する北の守りであるし、さらに開拓の成否が日本の国家の隆盛に関わることになるのです。

このようにして拓かれた北海道はいわば内国植民地だと言えます。日本の内国植民地のもうひとつは沖縄です。そうしたことから沖縄と北海道は徴兵令の施行が遅れるし、平成十三（二〇〇一）年まで北海道・沖縄開発庁（現国土交通省北海道局）があり、北海道・沖縄担当大臣がいたのです。

本州には既存の寺や神社があってさまざまな宗教活動がありましたが、蝦夷地北海道は内国植民地であるがゆえに、いわば白地図の上に線を引くように布教活動が始まるのです。神社も入植者がそれぞれ持ってきたものだし、仏教もキリスト教もスタートラインが一緒なのです。

本州では既成の仏教教団があり神社があります。また明治末年までに教派神道十三派がこれだけは宗教と決められます。さらにそれ以後それらの教派から分かれて出てくるさまざまな宗教運動がありますが、それらの宗教運動については文部省が類似宗教団体として届け出をさせます。そうしたものとして出てきたのが大本教などのグループです。さらにその類似宗教団体から分かれて出てくるのが霊友会とか立正佼成会です。しかし、北海道においては、キリスト教も、仏教も、神社も、いずれもが各開拓地のなかの開拓民の信仰によって展開してきました。そうした意味できわめて縮図的に全体像を見ることができるのです。

明治以前の北海道には、教科書に書いてあるような大和王権時代からの歴史がなく、松前など一部を除いてはアイヌなど先住民の歴史があるだけです。それゆえ北海道の開拓には本州の中世史の様相が窺えるとも言えます。たとえば日本の古い荘園は、丹波大山荘のようにいずれも山に近い場所に拓かれています。古い荘園は寺などが山林原野を開拓して造られますが、ほとんどが小さな河川や谷沿いに拓かれます。したがって初めは山の麓の河川筋に水田を拓いて稲を作ります。水田が山から離れた場所に作られるのは戦国期に各地の統一権力が出来て開拓を行うようになってからです。甲州でも信玄堤が作られて平地が拓ける前はいずれも谷戸集落です。

ということで日本の古い集落は谷川沿いにあり、さらにそのなかの最も古い家は山の付け根の水源地を押えています。その用水を握っている家が集落全体を押えられるのです。北海道でも水田はだいたいそうした場所にまず拓かれます。しかもその水田は毎年収穫できなくてもいい。何年かに一度穫れる米が食べられる、そういう発想です。これはおそらく本州の中世荘園の姿を類推させるものだと思われます。そしてそこに行われる神祭りにもよく似た形態があります。北海道史には本州の歴史が圧縮されて見られる場がたくさんあるのです。

居留地と伝道

宣教師たちは日本に来た最初、居留地に活動の場を定めます。居留地は長崎、横浜、箱館に設けられましたが、中でも東京に近い横浜のそれが最も大きいものでした。箱館では安政六（一八五九）年にカトリックのパリ外国宣教会のメルメが宣教に着手しますが、パリ外国宣教会がそれと同時にもうひとつ目的としたのはかつてのキリシタン時代のイエズス会の痕跡を探すことでした。さらに箱館には文久元（一八六一）年にロシア領事館付司祭でハリストス正教のニコライが来ていますが、パリ外国宣教会もハリストス正教もそれぞれフランス大使館付、ロシア大使館付として来ています。そして明治になって、米国メソジスト監督教会のハリスや、英国教会（聖公会）のデニングが箱館に来ます。

かくて宣教師たちの活動が徐々に始まりますが、明治二十（一八八七）年末の日本のクリスチャン勢力は東京が五二六七人、大阪が一六七八人、神奈川が一四二三人、兵庫が一〇二六人、京都が六六六人などほとんどが都市と開港場に集中し、その他は群馬・岡山・静岡などでした。群馬は新島襄に始まる安中教会を中心とした伝道であり、岡山は同志社の人たちによる金森通倫たちの伝道です。静岡は静岡バンドといわれるカナダメソジストの伝道で、東洋英和・静岡英和・山梨英和といった学校はカナダメソジストの系列。山梨は静岡からの交通路が開けており、当時の伝道戦略は交通路と密接に関係したものでした。北海道は四九六人で静岡に次ぐ数ですが、人口一万人に対する信徒数でみると、北海道は一五人で神奈川並み。なぜ未開地北海道には少数とはいえそれなりのクリスチャン人口があり、人口比率からいえばそれなりに高かったのか。それを考えるうえで重要なのは北海道伝道の在り方です。

明治十四年の北海道

日本の近代史でターニングポイントになるのは明治十四（一八八一）年だと前に述べましたが、この年は北海道にとっても重要な年でした。その理由はひとつには、明治十四年の政変のときの開拓使官有物払下げ事件によって蝦夷地北海道への関心が高まったことです。そしてもうひとつは、この年に行われた天皇の東北・北海道巡幸です。

この巡幸での明治天皇の旅程はかなり長いものでしたが、行く先々で政府の庁舎や学校を視察し、それらの学校の生徒たちを励ましたりします。また「鰥寡《かんか》孤独」といわれる身寄りのない人たちに報賞を与えます。あるいは仙台では師範学校や裁判所など細かく視察しています。そして八月三十日に小樽に上陸して札幌の豊平館に泊まり、樺太アイヌたちの踊りを見て酒などを褒美として与えます（樺太が明治八年に樺太・千島交換条約によってロシア領になったとき樺太から八四一人のアイヌを日本に連れてくる）。そして天皇は九月七日に函館から船に乗って北海道を離れます。

天皇の行幸より少し早い明治十四年の五月、日高の浦河に赤心社の移民五〇人が入植します（この人びとが元浦河教会を設立する）。赤心社は九鬼三田《さんだ》藩の鈴木清らが神戸教会の協力を得て、北海道に入植する人びとを小作人として募集して出来たものですが、この年の七月に赤心社社長の鈴木清は北海道に渡る途次、東京に立ち寄り桜井女学校の新築移転開校式に列席します。そして桜井昭悳と桜井ちかを伴って北海道に行きます。桜井昭悳は四国の大洲の出身で牧師をやっていましたが、北海道伝道を志して函館に行こうとしたのです。ちかは夫を手伝うかたちで付いて行きます。昭悳は函館一致教会派出伝道師として着任し、ちかは函館師範学校（現在の北海道教育大学函館校）に赴任し、そこで女礼式と西洋料理法を教えることになります。

この明治十四年七月には札幌農学校の第二回卒業式があって、内村鑑三、太田（新渡戸）稲造、広井勇、宮部金吾といった人たちが卒業しています。広井は土木関係に強く、現在も残っている小樽の北防波堤をコンクリートで作り、宮部は植物学が専門で今の北大植物園の原形となるものを作っていますが、彼らはいずれも初め開拓使の民事局に勤めました。民事局の勧業課に行ったのは内村、太田、広井と町村金弥（戦後、北海道知事を務めた町村金五の父）で、町村もクラークの「禁酒禁煙の誓約書」に署名しています。内村は実務能力に長けており、漁業調査などをやっていました。このように第二回卒業生の錚々たる顔ぶれが開拓使のさまざまな部署に配置され、北海道の開拓に従事したのです。

この時期に東本願寺の現如法嗣が来道して函館、小樽、札幌を巡回し布教をします。このようにいくつかの宗派が北海道の開拓に必要なのは宗教だと、一斉に、それぞれ活動を始めます。人心をどのように掌握しながら開拓地におけるモラルを高めるかが彼らの課題でした。

こうしたなかで、明治十四年の十月に日本基督一致教会（後の日本基督教会）の函館基督教信徒親睦会の結成式が、桜井昭悳の主唱で七面山（函館山）において開催されます。この式に内村が出席して演説しますが、新聞はそのときのことを「熱心なることと其語勢力ありて痛快なるに皆々嬉涙を垂れて感心せぬはなかりけり」と記しています。桜井はまた十一月に函館基督教青年会を作り、函館にキリスト教の根を植えつけます。こうした流れが、やがて函館にメソジストの教会学校と女学校の設立へと向かっていきます。

これらを生み出すきっかけになったのが「北海道ニ布教スルノ切要を論ス」という『七一雑報』の記事で、同紙は神戸教会が出した日本でもっとも早いキリスト教の週刊新聞です。記事は以下のようなものですが、北海道に布教しなければならない問題点がよく出ています。

北海の人民たるや多くは移住民にして宗教を奉するもの実に少なし。或は家を脱して来るもの多し。今此の民は皆無学の徒にして道徳などとは夢にも知らさるものなり。此の如きもの多きを以て北海の人民は妄に土民を虐制し之を蔑視して其暴虐云ふべからさる程なり。若し此の如き人民に福音の光を照さすんば人民次第に暴虐に慣れ、土民を圧して労事に服さしめ、自ら手を下さゞるに至るなり。然れば人民随て怠惰に流れ坐から食せんとするもの益々増加せん。此の如きに至らば北海の地は坐食するの地となりて以後彼地に移住するものは只た坐食を目的とするに至らん。故に彼地に早く真理を伝ふるは一は以て人民をして真神を拝せしめ、一は以て人民の怠惰を防き物産を盛にするに至らん。然らされは北海の地は挙て魔民と変するの外なし。然れは何を以てか我国の一大宝地と称するを得んや。キリスト信徒よ北海に布教するは吾輩の責任ならすや。彼ノ地を棄て丶将た何れの地を撰まんや、今布教せすして将た何れの時を待たん乎。（『七一雑報』明治十四年十月）

ここに記された土民とはアイヌのことで、「土民」という語を使うなと政府が言いはじめるのは昭和十七（一九四二）年、大東亜戦争が始まった翌年のことです。それまではアイヌも沖縄土着民も「土民」で、北海道の人民は「土民を虐制し、蔑視、暴虐云ふべからざる」とあります。要するに北海道に出かけていった人には本州で食い詰め、「士民」たちをこき使って一攫千金を夢見るような手合いが多く、そのまま放っておくと北海道に渡った民全体がだめになってしまう、という危惧の念によるものです。だからこれは何もキリスト教の論理のみに基づくものではなく、仏教も同様の感覚です。北海道では町々にすべて遊郭があるほどにモラルのうえで問題があり、そのためにモラルの確立を担う精神的な何かが必要だというのが、キリスト教も仏教も共通して考えたことです。北海道開教には宗教植民が必要だと言い、そのとき仏教徒もキリスト教徒も思い浮かべたのがメイフラワー号伝説です。アメリカ開拓はあのようなかたちでうまくいったのであり、だから北海道に我が仏教（あるいはキリスト教）を広めるのだ、という考えです。

三　キリスト者の軌跡

クラークの聖書研究会

キリスト教は函館から近郷の福山・大野、さらに札幌のほうに広まっていきました。札幌では英国聖公会の宣教師デニングが明治九（一八七六）年に夏期伝道を行い、七月にクラークが着任すると、その公邸で札幌農学校第一期生の伊藤一隆がデニングから受洗します。彼は農学校に入る前にすでに東京でキリスト教に接していて北海道で最初に洗礼を受けた人物です。

クラークは日曜日に聖書研究会を開きました。『札幌基督教会歴史』には「クラーク氏首に熱心なる祈祷を捧げ了りて聖書中より高尚なる訓言、美妙なる比喩、典麗なる文字、荘重なる章句を撰みて或ハ自ら之を誦読し或ハ学生をして之を輪読せしめ若くは暗誦せしむるに過ぎず」と書かれていますが、これがクラークの聖書についての勉強の仕方でした。同書はさらに続けて「時に研究を果て、後好む所の讃美歌を高誦し学生をして之を暗誦せしめたることもありき。（略）クラーク氏は基督教の教理を絶へて演説することもなく説教することもなかりし」と書いています。クラークの聖書研究会は信徒としてきわめて素朴なことで、まずクラークが聖書の大事なところを読み、その後学生に何度も読ませ、あるいは暗唱させたりもする。そして時には研究の後に愛唱する讃美歌を歌いそれを学生に暗唱させるといったもので、キリスト教の教理について説教するようなことはありませんでした。そのほかにやったのは「禁酒禁煙の誓約書」に署名させることと、「イエスを信ずる者の契約」をなしたことです。これは共助共励の組織、すなわち互いに助け合い励まし合う組織で、内村の『余は如何にして基督信徒になりし乎』にはそのことがよく出てきます。

札幌の初期キリスト教会

共助共励の組織は明治十五（一八八二）年に札幌基督教会を作ります。札幌基督教会には札幌農学校の生徒ばかりでなくキリスト教に興味を抱くさまざまな人が集まっており、英語ではUnion Churchとなっていますが、教派合同教会とされていました。大島正健が明治十九年、この教会の牧師になりますが、彼は正規の牧師資格を持たないのに洗礼・聖餐を行ったため、東京や他の地区の教会がこれを問題にしました。新島襄が苦労してそれを収めています。

それより以前明治十三年、聖公会とメソジストが札幌で伝道を開始しますが、内村らはこのとき初めて教派というものを知り、同時に教派主義の弊害を認識します。札幌ではその他十四年に札幌天守公教会（現在のカトリック北一条教会）、二十二年に札幌美以教会（現在の日本基督教団札幌教会）が出来ます。二十三年には日本基督一致教会札幌講義所（現在の日本キリスト教会北一条教会）が出来ますが、この教会は戦後の教団分裂において最初に問題を起こした日本基督教会（新日基）の拠点です。さらに二十五年に札幌聖公会（現在の日本聖公会札幌キリスト教会）、二十八年に日本組合基督教会札幌講義所（現在の日本基督教団札幌北光教会）、というように札幌の主要な教会はこのあたりで出揃います。

これらの教会ができることによって教派合同教会から信者が分かれていきますが、そのなかで残った人たちによって、明治三十三年に札幌独立基督教会（現在の札幌独立キリスト教会）が誕生します。この教会は三十四年に洗礼・聖餐を不要としますが、その時期は内村が洗礼・聖餐を不要とした無教会論を強く主張する時期と重なります。

札幌基督教会、あるいはその後を受けた札幌独立基督教会は札幌農学校やその関係者のみの集まりではなく、札幌にいる商人たちの熱心な信者が大勢おり、また当時の札幌にはカトリックの宣教師もいて札幌駅に教団の関係施設が置かれるなど、日本では考えられないほどキリスト教的な雰囲気がありました。

そうしたなかで、メソジスト教会（現在の札幌教会）には農学校の一期生で札幌基督教会にいた佐藤昌介が移っています。佐藤昌介は農学校から東北帝国大学農科大学の学長となり、そこが帝国大学（北海道帝国大学）として独立するときにその中心となります。そうした関係で札幌教会には後の北大関係者が集まりました。またこの教会には北海道を酪農の王国にしようとした黒沢酉蔵らがいます。黒沢は前述のように田中正造のもとで足尾鉱毒事件を闘いましたが、その時一緒に闘った谷中村の農民たちの一部が北海道のサロマベツ原野に入植し栃木村（現佐呂間町）を作り、黒沢の指導下に酪農を志します。そうした人びともこの札幌教会に集まりました。

北一条教会は日本基督教会のエリート教会で、高倉徳太郎らがいました。また佐渡の教会から移った小野村林蔵がいましたが、彼は戦時中に北星学園での講義を咎められて官憲に捕まり収監されました。戦後、そうした動きのなかで教団の在り方を批判し、北一条教会は日本基督教団から離脱します。その結果一つの小さな町に日基と新日基が争うという、北海道開拓伝道の禍根が今も残っています。

また、札幌組合基督教会（現在の札幌北光教会）は商人の教会とも言われます。たとえば札幌の岩井靴店は創業一四〇年の古い店ですが、これは岩井信六という開拓時の靴商が始めた店で、この組合教会員でした。そうした札幌の有名な商店主たちが集まっていたのです。

こうした北海道において、もう一つ特筆すべき存在がサラ・クララ・スミスです。彼女は明治十三年に東京の新栄女学校の校長に着任しますが、リューマチを患っていた彼女は北海道の気候が身体に合うと医者に勧められ、生死をかけて明治十六年、夫とともに函館に渡りました。当初は北海道に学校をつくろうと開拓使に援助を働きかけますが聞き入れられず、結局、北海道尋常師範学校（現在の北海道教育大学）の教師として札幌に着任し、その官舎で函館から連れてきた少女たちのための私塾を開きました。これがやがて札幌長老派伝道教会女子寄宿学校となり、明治二十二年にスミス女学校になります。さらに二七年に北星女学校と改称し、現在の北星学園になります。ちなみに北海道のライラックは、クララが故郷のニューヨークから持ってきた木です。

移住者への伝道

札幌教会の人たちは周辺地域への伝道に力を注ぎますが、そのひとつが明治十四（一八八一）年に北海道に初めて作られた樺戸集治監への伝道でした。明治十六年の夏に桜井昭悳が空知集治監典獄の渡辺惟精《これあき》を訪問しています。明治二十一年一月から原胤昭が釧路監獄署の教誨師となり、さらに二十四年五月空知集知監の教誨師となった留岡幸助も加わって集治監伝道はしだいに大きなものとなり、それがやがて樺戸教会、空知教会となって実ります。その後、樺戸教会と空知教会は合併して岩見沢教会となりました。

彼らの出発点は赤心報国です。彼らはキリスト教信仰をもって国家の器たらんとして、ロシアに対する防波堤となるべく宗教植民という課題を持って北海道に渡りました。キリスト教団体の入植としては明治十四年の浦河に入植した赤心社が初めです。その後土佐で自由民権運動を行い後に代議士にもなった武市安哉が、政治の世界ではなく精神の世界に活躍の場を求めてクリスチャンになり、明治二十六年に高知殖民会を組織し、高知の人びとを引き連れて樺戸郡浦臼《うらうす》に入ります。この地で拓いた農場を聖園農場と名づけ、さらに聖園教会を設立します（この名は現在も日本キリスト教会聖園教会として残っている）。

その後、浦臼は石狩川の氾濫に何度も悩まされ、そのなかの一部の人が野付牛《のつけうし》（現在の北見）に移りますが、それが北見の北光社になります。その後、浦臼に入った土佐植民のさまざまなグループが遠軽や美《び》深《ふか》に分かれていきます。北見、遠軽《えんがる》は明治末年に薄荷《ハッカ》で、美深は日露戦後の材木景気で賑わいますが、そうした町に移っていくのです。北見教会、遠軽教会、美深教会などこれらの教会は、いずれも町に鉄道がひかれて駅ができると、駅からつづくメインストリートに面して建てられます。そして教会には町の名望家とされる人たちが集まり、日露戦後から昭和の初期まで活発な伝道をしていきます。

一方、こうしたキリスト教の伝道活動に対して、仏教寺院や神社は危機感を持ちます。北見の北光社にはピアソンがいて日曜学校をはじめさまざまな社会教育を行いましたが、北見の神職会はそれに対抗して神社日曜学校を開き、神社のなかに道場をつくって剣道を教えたりしました。さらに仏教日曜学校も始まります。仏教日曜学校は本願寺が最初に始めますが、それを始めるにあたってはキリスト教の牧師にやり方を習ったといいます。キリスト教会の歴史を離れて社会的な状況として見ると、各宗教の競合と切磋琢磨が北海道の社会文化を高めることになったと言えます。そうしたなかで名寄に天塩教会ができ、前述の小北寅之助が活躍します。またバチェラー八重子によってアイヌ伝道も始められます。

野良で独唱する讃美歌

こうした動きのなかで、北海道に散在するキリスト教徒の群れを支えたのは、前にも述べたように内村鑑三の『聖書之研究』でした。聖書を読んでキリスト教に惹かれたけれども、町には教会がなく牧師もいない、という人にとって、キリスト教のことを教えてくれるのは『聖書之研究』しかありませんでした。

そうしたことから『聖書之研究』の購読者で「隠れ内村宗」と言われた人がかなりいました。たとえばピアソンが問題視した野付牛の近藤農場などはその一例ですが、そこにいる人たちは勝手に聖書を解釈し洗礼や聖餐など必要ないと言います。

ピアソンはそれについて、「儀式の必要性を認めない家庭宗教」でありクリスチャンとして悪魔の道に落ちる、などと言っています。あるいは「実を結ぶことのない信仰」「常習的な讃美歌愛唱者」とも言います。彼らは知っている数少ない讃美歌を、野良作業のときなどいつも歌っているからです。彼らがとくによく歌ったのが「山路こえて」でした。次のような歌詞です。

一　山路こえて　ひとりゆけど　主の手にすがれる　身はやすけし
二　松のあらし　谷のながれ　みつかいの歌も　かくやありなん
三　峯の雪と　こころきよく　雲なきみ空と　むねは澄みぬ
四　みちけわしく　ゆくてとおし　こころざすかたに　いつか着くらん
五　されども主よ　われいのらじ　旅路のおわりの　ちかかれとは
六　日もくれなば　石のまくら　かりねの夢にも　み国しのばん

この歌は哀愁に満ちた歌詞とともに、日本人に親しみやすい曲でもあり、彼らの心情に強く訴えるものがあったのでしょう。

こうした歌を歌いながら野良作業をやっていた姿には、移住地で周りに誰もいないなかで、『聖書之研究』とそこに記された聖書の記事を心の支えに、開拓に苦闘する姿を彷彿とさせるものがあります。北海道のキリスト教がユニオンチャーチ的なものであり、きわめて儀式的でないということは、おそらく原初的なかたちの教会の在り方だったのではないか、とも思われます。そうしたものに対して宣教師たちが危惧の念を覚えたのは、当然かもしれません。だからピアソンは、俗にピアソン版聖書と言われる旧来のものとはちがう聖書を、自らつくらざるを得なかったのでしょう。その聖書は頁の下部に、略読が書かれています。

一方、西本願寺は、日露戦争前後に鉄道講話とか郵便局講話といった職場布教を盛んに行っています。築地にある西本願寺東京別院に仏教鉄道青年会の拠点があり、そこに属する若い僧侶たちは鉄道や郵便局、役所などに伝道しましたが、職場伝道はむしろ仏教のほうがキリスト教より先に始めていたとも言えます。北海道では、たとえば札幌近郷の銭函の海水浴場などに天幕を張り、西本願寺の僧侶たちがそこで海水浴天幕伝道を行ってキリスト教と競い合いました。その他女子の刺繍の会とか裁縫学校なども行い、キリスト教会よりももっと多彩な婦人教育の場、社会教育の場を持っていました。

四　入植者の相貌

明治中頃の北海道の景色

ミッシェル・リボーというカトリックの神父が、明治二十九（一八九六）年の夏に函館から室蘭に渡る船のなかで見た風景について、ふるさとの名残をとどめ、不安に怯え、やや小柄で俯きがちの者たちがいる一方、「開拓地の自由な空気を吸って独立して来た人で、すでに真のヤンキー型」の者がいると言い、あのようにならなければ結局は落伍するのだろう、と書いています。内地では考えられないような状況が北海道にはある、ということでもあります。

そうした北海道でなされた宗教植民の課題は、伝道布教と開拓が一体になっていることでした。坂本柴門・片岡政次という西本願寺の僧侶が明治二十五年に書いた『北海道宗教殖民論』には、

自ラ肉体ノ欲情ヲ制スルノ能力ヲ移民ニ与へ、以テ人間畢生ノ目的ヲ確定セシムルモノハ実ニ宗教其者ノ本分ナリ

とありますが、最も古い北海道の地理書である加藤房蔵の『北海道地理』（明治二十六年）には「情欲ヲ制スルノ能力」について、

各市邑皆遊廓アラザルナク僅ニ数百戸ノ小邑ニ至ルマデ殆ド之ヲ設ケザルハナシ、且私窩子至ル所ニ徘徊シ風紀頽ル紊ル、是レ新開地ニ於テ免レ難キ弊害ナリト雖トモ最慨歎スベキコトナリ、識者風俗矯正ノ説ヲナスモノアルモ世人敢テ深ク耳ヲ傾ケズ、禁酒会ノ設アリテ数千人ノ会員アレトモ亦著シキ勢力ナシ

と書いてあります。私窩子《しかし》とは売春婦のことですが、各町村に売春宿があり売春婦はいたるところにいる、というのが当時の北海道の景色でした。北海道の移住地に来ると男一人では生きていけないし、女一人でも生きていけない。皆どうやって生きるか不安に怯えているのです。そして開拓地の川の渡船場あたりには小屋が建っていて僧侶がおり、彼らは上陸してきた人たちに声かけては、開拓地でいかに生活すべ

きか語りかけます。やがてそれらの小屋が祈祷寺になっていくものもありました。

禁酒運動とキリスト教的モラル

「欲情ヲ制スルノ能力」について言えば、妾を二人も三人も持つ僧侶がいるのはよく聞く話ですが、開拓地では逆に働き手がいないので男を何人も持っている女がいるという記事が、当時の新聞に実名で載っています。そこに北海道が何であるかが見えると言ってもいいでしょう。常識的なモラルの持ち主から見れば、北海道はとんでもない魔窟だということになりますが、開拓地北海道では一人で生きていけないのです。土佐から北海道に妻とともに渡り布教した牧師がいて、その妻の遺した記録を見ると、夫が死んでしまったら一人では生きていけないので、単身の牧師と再婚したと記されている。そうした中で心の問題とどう関わるかが開拓地での伝道の課題であったのです。

『北海道地理』に記された禁酒会については、明治二十（一八八七）年に札幌禁酒会ができ、それが北海禁酒会になります。この北海禁酒会の在札青年有志が札幌禁酒青年倶楽部となり、機関誌『護国之楯』を創刊します。禁酒が護国之楯なのです。禁酒を目的とする大日本丁友会の機関誌は『日の丸』ですが、要するに禁酒は愛国運動なのです。北海道に来て一所懸命働いた金を酒に使っちゃ困る、お国のために使いなさい、というのがそもそもの理由で、だから『護国之楯』。これを単純にキリスト教的なモラルの提示などと捉えるのはまちがいです。

また北海道では禁酒会が北海禁酒鼓隊を作りますが、それが北海音楽隊となり、彼らは少年鼓笛隊をつくって禁酒のために太鼓を叩いて町を練り歩きました。禁酒が北海道で必要だったのは、貯まったお金を酒と女と煙草に使ってはいけない。お金を蓄えて家産をつくり、国家に尽くせ、というのがその本心です。そして、そのためのモラルを示すものとして、キリスト教は最適でした。『開墾の栞』（北海道殖民部）には「事業の上にも風俗の上にも協同一致は誠に大切なりと知るべし」とあります。協同一致とは「相互救護」「勤倹貯蓄」「賭博をなす勿れ」「冬期の注意」です。また開拓地にはさまざまな講がありましたが、徳島出身の人たちの地神講（農業の守護神を祀る講）は掟をつくり、冠婚葬祭をどのように行うか、そのとき祝儀や香典をいくら持っていくかなど細かい生活の規範を示しました。そのなかにあるのは赤心報国という志です。

日本帝国の良民として

角田《かくだ》仙台藩の家老として夕張郡栗山に入植しこの地を開いた泉麟太郎は、次のような家訓を子孫に遺しています。

汝は世界無比なる日本帝国の良民也、故に国体を尊奉し国憲を重し国法に遵ひ文化に後れす、一家円満忠孝友和信の五道を明にし、至誠の心を以て社会に突進し、他人より侮とられす、勤険《（倹）》力行産を治め、決て不義の財を貪るへからす、要なき雑談に貴重の時間を空費せす、他人と争論を避け、隣保相助け、併て善根を施す事を心とせよ、而して泣笑も一生なれは、願くは笑て一生を送る事に勉むへし

大正十三年甲子秋日

八十三翁麟太郎題

「世界無比なる日本帝国の良民」との思いこそは、帰属し忠誠を誓ってきた藩が解体して未知なる北の原野に放置された者にとって、過酷な開拓生活を生き抜き、己の存在を確かめ、現在を生きる精神の拠り所とみなされたのです。この念こそは、開拓地における「隣保相助」ける生き方を可能となし、地域協同体の生き方を提示せしめたのです。

彼はクリスチャンではありませんが、キリスト教的なモラルをさまざまな場所で説くことによって精神の支えにしています。

関寛斎の営み

泉麟太郎が「家訓」にこめた思いは、過酷な原野の開拓に生きる心を吐露したもので、開拓移住を指導した「家長」が共有していた世界です。その一人に関寛斎がいます。

関寛斎は佐倉順天堂で医学を学び町医者となりますが、阿波蜂須賀家の典医となり、戊辰戦争に従軍し、官軍の奥羽出張病院頭取として野戦病院で活躍します。戦乱終結後、徳島で医師として働きますが、明治六（一八七三）年には禄籍を返上して開業医となります。明治三十五年に北海道開拓を決意し、七十二歳で理想郷実現の思いをもって陸別に入植しました。

関が八十歳の時に著した『めさまし草』には、「人は漸次に向上すべし」「人は正道を取るべし」「祖先の霊を祭り長者を敬すべし」「一家の維持を勤むべし」「死に至る迄世に対する義務を怠るな」「人を信ぜよ、人を頼むな」「人を信ぜよ、人を恐る、な」「安逸を避け労働を取れ」「農業は国の基」「都会に永住すれば家必ず断絶す」等々いかに生きるかを説いています。また日露戦争で「世界の一等強国に列し、為めに俄然勢力の増大と共に華美に流れ、官民共に生計上に大変化を来して、人民の負債は重大となり、国歩甚だ困難なりと謂ふ」(「祖先の労苦と国家の恩沢とを忘るべからず」)。戦後の状況をみつめ、「人は幼時より各其本業の工業、商業、殊に国本たる所の農業に向ひ奮励努力し、一家独立自営の道を立て丶祖先を祭り、子孫を教育するの資本を確定し、尚進んで家産を充実するに至れ。必ず他に依頼するの心を起すべからず」(「国法を守れ国法にすがるな」)と、独立自営の道を力説しています。

しかし理想の村を実現する道は厳しく、入植以来の開拓状況をまとめた『十勝国中川郡本別村字斗満関牧場創業記事』(明治四十三年)で開墾の難事を問い質し、報徳社に学んで明治三十八年に積善社を企図、「我社中の人には、労苦を甘んじ、費用を節し、日々若干金を貯へて、コレを共同の救済集金とし、以て社中に安心を与へ、上は国恩を感謝し、祖先の神霊を慰し、父母の孝養を厚ふし、下は子孫の教育を厳にし、永遠なる幸福の基礎を定め、勤倹平和なる家庭と社会とを立て得るに至らむ事を祈る」のでした。寛斎はクリスチャンではありませんでしたが旧約聖書のヨブ記を読み、「牧場維持の困難を悟」ります。国恩に報いんとの理想郷建設は、この天命に生きようとした関寛斎にとって、神の試練に呻くヨブを想起させる難事だったのです。

それだけに関寛斎は、開拓移住者にみられる依存心を厳しく問い、厳しい開拓の試練に耐え、理想の村を実現すべく、一族郎党への訓戒に託し、我が家、我が村、そして国へという回路で国家の民たる思いを説き聞かせたのでした。その処世訓は、場内の農家に頒布した「一家和合して先祖を祭り老人を敬ふべし」にはじまる「日々の心得の事」という刷物にみられるように、きわめて日常卑近なものでもありました。このような道徳訓が必要なほどに、開拓地の過酷な生活は精神を荒廃させるものだったのです。

開拓という難事を遂行するには、泉麟太郎や関寛斎の訓戒が提示しているように、精神の在り方が問われたのです。そこでは、物質的な資金援助もさることながら、協同体を支えるある種の精神的な共同一致が求められました。その精神の器は自己一身のものではなく、一家一村の営みをふまえ、地域協同体の営みが国家につながる事業であることを思い描き得たとき、開拓地で生きる己という存在を確かめさせる何かを求めていた入植者をして、自己確認を可能としたのではないでしょうか。北海道開拓ではそのような精神の営みが問われたのです。開拓精神なるものは、あるとすれば、クラークの言説を神話化したものではなく、ヨブに思いを託さねばならない嘆きの谷から出た声だったのです。

原胤昭の働き

前述の原胤昭も明治二十一（一八八八）年に釧路監獄署の教誨師となり北海道に渡りますが、彼が北海道に渡る前夜の日記を見ると、横浜でヘボンを訪ねています。そして北海道に着くと函館の教会でロマ書を講義したりしながら任地に行きます。その日記には「我ヲ悪魔ノ手ニ解スマシト、我カ罪ノ結果ヲ我最愛ノモノ、上に降し、（略）自ラ聖カランコトヲ求メヨ」などと記されています。彼はこの集治監伝道をとおして囚人たちの心を開こうとしました。ある一時期、北海道の集治監にはキリスト教教誨師が多くいました。そのキリスト教教誨師に対して仏教徒を教誨師に任命するという問題が起こったとき、原をはじめ何人かが連結辞職します。原らは一つの監獄に仏教の教誨師もキリスト教の教誨師もいると囚人たちに混乱が起きるからやめるべきと主張しますが聞き入れられず、結局、キリスト教教誨師は全員辞職したのです。原は明治二十三年には釧路出獄人保護会の設立を企画しますが、支援が得られずに潰れますが、教誨師を辞めた後、出所した囚人たちの保護活動に力をつくします。

原と行動を共にした留岡幸助は監獄にいる犯罪人を見て、多くの犯罪人たちの幼少時に問題があることを知り、家庭学校をつくることを決意します。そのため巣鴨に家庭学校の本体を設け、遠軽に北海道家庭学校を開きます。遠軽の厳しい自然のなかで働くことで非行少年たちが己の心を見つめることを願ったがゆえです。原や留岡の業績は日本のキリスト教史に書かれることはあまりありませんが、日本の近代史のなかでは大きな意味をもつものと言えましょう。

五　開拓地の文化

無願神社の世界

北海道神職会は大正十（一九二一）年の『北海道神職会々報』（第一〇号）に北海道への移民募集について次のような記事を載せています。

第一神社ノナキ土地又ハ其設立準備ナキケ所ニハ応募困難ナルコトヲ力説致シ居リ候、中秋ノ候新開ノ山間僻地ヲ通過スル際、粗造ノ草屋点々タル一方ニ普通民家ニ用ヰル神棚ナドヲ木ノ切株ニ安置シ（略）コノ点々タル草屋ノ普通住宅ト改ル頃ニハコノ小祠堂ハ更ニ殿堂トナリ（略）コノ切株神社ノ無願神社ハ移住民ニ安定ヲ与へ、其祭典ハ一致協力ノ機会ヲ授ケ、拓殖上軽々ニ付スベカラザル神徳ヲ認メラルルノミナラズ、自然其ノ敬神崇祖ノ観念ヲ涵養スル枢機ニ触レツツアル事ト信ジ候

この記事から日本の神社のできかたの基本を知ることができます。この記事に登場する切株神祠は、おそらく日本のどこにおいても神祭りの原初的な形を示すものと思われます。神社とはどこでも拝殿に神様がいるわけではなく、祭りのときにだけそこへやって来ます。神輿というのは祭りのときに神様を乗せて歩く器ですから、祭りが終わって山などへ神様が戻ってしまったら、蔵に入れしまっておけばいいのです。

北海道では神社の原初的形態をなぜ切株神社と称するかといえば、開拓する場合、雑木をだいたい腰高のところで伐採する。そして切った木を束ねて火をかけ焼け野原にし、それからだんだん整地していくのですが、そのときいちばん形のいい切り株だけ残しておいて、そこにお札をさげて祀る。これが神社の祖型です。無願神社というのは、お上に届け出て許可を得ていない神社という意味です。本州ではこうした神社は認められません。道庁はやがて内務省の指令などに従ってそうしたものを整理しますが、そのとき神社社有地がどれほどで、氏子が何人いるといった資格を満たしたものが村社の社格をもらいます。その資格をもらえないものは無願神社となります。そういう神社の在り方があるのです。

原野の祈り

地神は徳島出身者がもってきた信仰で、基本的には五角柱の正面に天照大神、左回りに大己貴命、少彦名命、埴安媛命、倉稲魂命、すなわち農業の穀霊の神様の名前が書いてあります。五角柱以外にも自然石に地神と書いたものがあり、それが村人たちの集まりの場でした。現在でも、札幌から空知に行く国道沿いには、町内会館のようなところにこうした碑が数多く残っています。小林巳智次「農民信仰の実証的一研究―北海道に於ける『地神宮』の分布と実態に就いて―」（『法経会論叢』第六輯、昭和十三年）はこれらの碑についてつぎのように書いています。

お宮といつても田や畑の傍とか、一寸した小丘の上とかに鎮座してゐる石柱や木柱であるから、春ならば数尺の雪に埋れて頂辺頭だけが一寸見えてゐる。夫れを雪の中から掘り出し、周囲も手頃に片附けて神主の坐をつくる。

地神は社日の祭ですが、開拓民にとって大事な祭なのです。祭りの祭司は曹洞宗の僧侶が勤めることもありますが、一般には神主がやります。といっても村の神社には本来神主がいるほうが稀で、多くは祭のときだけ村人のだれかが神主になります。これが制度化されて官社になると、神主を置かなければならないので、開拓期の北海道では言うまでもなく一般人が神主を勤めたのです。

それから、明治末年には各地に霊場がつくられます。山本ラクという徳島の女性がつくった北海道三十三観音霊場もそのひとつです。また札幌では、北海道神宮の横の円山に登るところに徳島出身の人がつくった霊場が八十八並んでいて、四国に行かなくてもそこを一巡すればいいようになっています。あるいは美深町恩穂山の八十八ヶ所霊場も一人の開拓者が自分の拓いた土地が見わたせる美深郊外の小高い丘につくったものです。各霊場の仏像は天塩川から持ってきた石を釘で、ひたすら一人で線彫して作りました。日本人にとって山は産土、すなわち先祖が眠る場所であり、その山は聖地です。そうした霊場が北海道の各地にできますが、それはまさに開墾をなしとげたときの開拓者の心の在りようとして出てきたものなのです。

この北の辺境で生きる人たちは、原生林におおわれた土地を拓くとき、まず自分たちの精神的な心の拠り所を求めました。故郷の神社を分社する人もいるし、新しくキリスト教を受けとめた人もあります。それぞれ自分たちの信仰的な場をつくりました。ヨハネ福音書の最初に「はじめに言葉あり」とありますが、明治の古い最初の翻訳聖書では「言葉」でなく「道」に「ことば」とルビが振ってあります。大正改訳で「道」が「言葉」に代わりますが、この時代の人たちの聖書やキリスト教の受けとめ方は、現在のような教義に則ったものではなく、あの時代の日本人が持っていた素朴な心の在りように重ねて読むことによって、キリスト教にも行くし仏教にも行く、というものだったと思われます。

第五章　女たちの立志

一　家刀自の世界

矢島楫子の母三村鶴子

家刀自《いえとじ》とは公家や武家の家全体を司る女、ひいては主婦みたいなものですが、日本の農村には古く嬶座《かかざ》なるものがあって、囲炉裏に面して主人が座る場所の横に位置する座席です。そして嬶座に座る人が囲炉裏の周りに座る家族に食事を全て分配する。だから嫁が来てやがてその嫁に嬶座を譲ると、その主婦は隠居することとなります。要するに家全体を取り仕切るのが嬶座に座る女性であり、それが家刀自なのです。

矢島楫子が生まれ育った矢島家において、母の鶴子はまさに家刀自として家を取り仕切りました。鶴子の墓碑文は熊本の横井時存（小楠）が書いていますが、その文章には初めに「此棺は益城郡中山の御惣庄屋矢嶋忠左衛門の配三村氏を納めしものなり」とあります。近世の兵農分離によって百姓は武器を持たなくなりましたが、熊本県や鹿児島県には一領一疋といって、いざ戦となったときは鎧一つと馬一匹を持って馳せ参ずる武士身分に近いような家が村に一軒あり、御惣庄屋と呼ばれ、それが村全体を取り仕切りました。矢嶋家はそうした家でした。碑文は続けて次のように記されています。

三村氏名は鶴、和兵衛某の女、寛政十年三月朔日に生れ、文政二年屋しま氏に帰し、嘉永六年五月廿一日春秋五十六歳にて終りぬ、此人貞正の生れにして、義理に明らかに禍福利害にうつされず、又能なさけ深く人を憐を以て心とせり、家にありて能く祖父母に仕へ、兄妹と同じく賞せられて銀若干を給りぬ、既に嫁して家貧しく自ら農事を勤め蚕を養ひ、人の堪ぬ業を尽し、舅姑に仕ぬ、や、ゆたかなるに到りて衣服飲食みづからの事は極て倹素なれども、理に因て財を出すは聊も嗇なる事なし、二男七女を生み子を教るに必真心を磨き行実を尽を以て心とせり、病て牀に在ること殆百五十日に及び、疲労日々に進めども精神平生にかはらず、折に触事に就き子を教へ戒ること到れりと云ふべければ、其子の母をしたひ、忘られぬ余りに世替り時移山崩れ地折けしるしの石も無く成りて此棺を発かん人のあはれみてうつみ給はん事を希て余に乞て其あらましを記せしむ、余と云ふものは熊本の横井時存にしてその子の矢嶋源介が師とし友とする人ぞかし。

自ら農業に従事し養蚕を行い、そして舅姑に仕えてきわめて質素、まさに一家の主としての家刀自の姿がここに出ている。この家に生れたのは一番目がにほ子（三村伝妻）、二番目がもと子（藤島昌和妻）、三番目に男の矢嶋源助（直方）が生まれ、四番目の五治郎は早逝し、さらに順子（竹崎茶堂妻）、久子（徳富一敬妻）、つせ子（横井小楠妾）、勝子（林七郎妻、後に楫子）、貞子（河瀬典次妻）の九人です。つせ子は実際は横井小楠の妻ですが、身分が違うため婚姻の届けを出せないままに小楠が暗殺され、その間に生まれたのが横井時雄です。勝子は林七郎の妻となりますが、結局家を出て矢嶋姓に復し、長崎から東京に来るときに船の楫を見て名を勝子から楫子に変えたと言います。

『矢嶋楫子伝』には母の鶴子のことが「矢嶋家の妻となつてからの鶴子は、良人の信任と、子等の信頼との的であつた。背はスラリと高く、いつも着物は引き裾であつた。たゞ台所へ出る時丈けは、紐でたくし上げて、前掛姿甲斐々々しく、味噌醤油の手造りから、沢庵の漬け込み一切を我手でやつた。又文章の嗜み深く」と書かれています。鶴子は文筆の嗜みが深かったようで、子どもたちに与えるカルタなどは自分で書いて作りました。そして夫の収入を助けるために養蚕をやり、機を織るというふうでした。こうした母親のもとで生まれた娘たちは母親の躾を厳しく受けて育ちましたが、順子、久子、勝子については以下のような記録があります。

順子

横嶋王国の女王は非常の多忙でした。それでも如何に忙しい時でも、夫の食事は自身給仕し、夫の髪結ひは他手に任せません。もう大分白くなつて来た夫の髪に順子が櫛を入れてやをら髻をとりあげて居ますと、男女が入りかはり立ちかはり奥さんの差図を受けに来ます。其度に奥さんの首は右へ向き左へ向き、忙しい事です。（略）田植、麦蒔、二度の収納、甘蔗刈、砂糖しぼり、綿もつくり、其忙しさはまるで戦争でした。

この記事は『竹崎順子』という徳富蘆花が書いた伝記の一節です。一家の差配をほとんど女がやるのが日本の家で、この記事はそのことをよく示しています。順子は竹崎茶堂のもとに嫁しますが、茶堂は竹崎家に養子で入った人物で、二人の子どもが大きくなると竹崎本家を子に譲り、順子とともに家を出て横嶋で開拓事業を行いました。蘆花は叔母の順子が好きで、しばしば彼女のところに出入りしていました。蘆花は兄の蘇峰とともに新島襄の同志社にいましたが、兄が同志社を辞めた後も一人残っていました。しかし同志社にいれなくなり、頼ったさきが竹崎順子のところでした。一方、もう一人の叔母の矢嶋楫子は嫌いで、楫子が亡くなった後に彼女の不倫事件を暴露したりしています。

久子

蘆花の『竹崎順子』には久子のことが次のように記されています。

子女七人を生み、さんざ苦労をしぬいた気勝ちの久子は体が弱く、眼も悪く、寝て居る時が多かつたので、頭の食物を多く要求しました。彼女はあらん限りの小説本を読ませて聞きました。それも聞き饜《あ》いた無聊のある日、姪のみや子（海老名弾正の妻―引用者註）が見舞に来て、聖書を読んで見せうかとさり気なく勧めました。うつかりつりこまれた久子は其気になりました。初子とみや子は其図をはづしません。久子は到頭初めて新約聖書馬太伝を聞きました。聞く内に彼女は耶蘇基督の光輝にうたれました。それは彼女が三十余年連れ添ふ夫にも、俺よりも兄を信ずると夫にいや味を云はれた兄矢嶋にも、また彼等の師横井小楠にすらも見得なかつた光輝でありました。多くの男性に失望した久子は、耶蘇に神を見出しました。耳に疣《たこ》が出来るほど聞かされて居る孔子の教に物足らぬ何ものかを、彼女は耶蘇の言に見出しました。到頭久子は同胞中で第一番の耶蘇信者となりました。明治十三年の夏、兄に取り残された同志社から次男の健次郎が熊本に帰つて来た時は、彼の母は洗礼こそ受けませんが、祈祷をし聖書を読む熱心な耶蘇の信者でありました。

こうしたことで、久子が最初にクリスチャンになりますが、この兄弟姉妹たちにとってキリスト教に入信することは本来タブーでした。というのは横井小楠の暗殺は、小楠がキリスト教徒になったことがひとつの大義とされたからです。やがて蘇峰や横井時雄らが熊本洋学校に来たジェーンズのもとで奉教（キリスト教への入信）を宣言しますが、そのとき横井時雄は座敷牢に閉じ込められました。

勝子

林七郎のもとに後妻として嫁いだ勝子（矢嶋楫子）も先々妻、先妻との間に生まれた子どもたちとともに自分の子を育て、家刀自の役目を務めました。『矢嶋楫子伝』は勝子のことを次のように記しています。

家内の食事は固より、衣類万端夜具蒲団に至るまで、手づから皆綿を紡ぎ機に立て、織り上げて仕立てるまで、悉くやり終うせた。又台所の味噌醤油、香の物は言ふに及ばず、酒までも手づから造つて年分の用に当てた。この為めに主婦としての仕事は未明から夜の目を惜んで働いても、中々仕終うせるものではなかつた。

これが家刀自であり主婦なのです。現在、彼女のふるさとの資料館には楫子が使った機織り機が展示されていますが、それは楫子だけではなく、その母や姉妹が皆やってきたことなのです。

二　『メレイライヲン一代記』という問いかけ

女性信者の導きの書

久子が聖書とともに読んでもらったもう一冊が『メレイライヲン一代記』でした。久子は自分の蓄えたさまざまなものをキリスト教関係の施設に寄付したりして支援しますが、彼女にそうした行動をとらせた背景に『メレイライヲン一代記』がありました。この本は兵庫にあった組合教会系統の米国遣伝宣教師事務局が明治十六（一八八三）年に出した本です。メリー・ライオンはアメリカに初めて女子大学を設立した女性ですが、『メレイライヲン一代記』は当時の日本のキリスト教徒、特に女性信者に多く読まれました。

同書は次のような書き出しで始まります。

連城《れんぜう》〔あたひたかき〕の璧も之を琢磨《たくま》〔みがく〕せざれば玲瓏《れいろう》〔すきとほり〕たる美質《びしつ》〔うるはしき、じ〕を呈すことなく、齊東《いなか》の野人《ひと》も知識《ちえ》を開達《ひらか》する時ハ霊妙の真価《ねうち》を出すべしとは既に三尺の童子もよく知るところの語なり。

当時の本は漢字に読みと意味のルビが右左に振ってあったため、難しい漢字を知らなくても誰もが読めました（ここでは、左のルビは〔　〕内に入れる――引用者註）。

文章はそれに続いて記されます。

メレイライヲン氏ハ当初微賤の一女子なれども多年の窮厄《きうやく》〔なんぎ〕を忍び数多の辛酸《しんさん》〔くるしみ〕を嘗め遂に素志《こゝろざし》をつらぬき当時未曾有《みぞう》〔まだあらぬところ〕の黌宇《がくこう》を起し未曾知《みそち》〔たれしらぬところ〕の迷夢《めいむ》〔まどひ〕を破り爰にはしめて天下の婦女《おんな》たるものをして固有《こやう》〔もちまへ〕の通義《つうぎ》〔ねうち〕を暢達《ちやうだつ》〔のば）すべきことを得しめたり

連城の璧は司馬遷の『史記』に出てきますが、卞和《べんか》の璧とも言われます。中国春秋時代の物語で、卞和という人物がいい鉱石を持って一人の王のところへ行くと嘘つきだと言われて左足を斬られる。二番目の王のところへ行ってもまた右足を斬られる。ところが三番目の王のところへ行って磨いてみると他に見られぬほど立派な玉で、その玉を置いておくと虫も寄りつかないし、冬も暖かい。そして秦の昭王がこの玉の噂を聞き、持っていた趙の恵王に、「十五の城とその玉を交換しよう」と申し出る。そして使者に本当かどうかわからないから、もし危ないと思ったら持って帰れと言い、使者はその玉を持って帰ったという話です。当時の日本人は中国の有名な故事はみな知っており共通の教養になっていますが、要するに艱難辛苦したら立派になれるという教訓です。

こうした話は貧しく苦労していても一所懸命何かやれば世に出ていけるのだという思いを人びとに抱かせました。また、何か志を持って人びとのために仕えていけば自分にも生きる値打ちがあるのだという思いを女性たちに与えました。

一代記によれば、メリーの母親は貧しいなかでも周囲の人にひたすら尽くす女性で、教会に熱心に通っていた。娘もその母親をみて人に尽くさなければならないと思い、学校の先生になって母親を助けます。

しかしまわりの女性たちを見ると、高い教養を得たいと思っても皆その術がない。それならば自分がそのための学校をつくろうと思い、さまざま苦労しながら女子大学を作った。そうした物語が綴られていますが、この物語は当時の日本の女性たちを発奮させました。家刀自として家の中に閉じこもって過ごした、あるいは家の中の世界だけしか見てこなかった女性たちに、自分も新しい日本の国のために何か役に立てるのだという思いを、この物語は教えたのです。

メリー・ライオンの作ったマウント・ホリヨーク・カレッジに残る彼女の墓碑文を日本語に訳すと「創設者であり、十二年間校長として勤め、教師として通算三十五年精励し、教え子は三〇〇〇名を優に超える。一七九七年二月二十八日に生まれ、一八四九年三月五日に逝く」とあり、背面には「この宇宙で私が畏れるものは、他に一つとてない。ただ自らがなすべき義務について無知であるか、さもなくば無能であるか―ただただそのことを畏れるのみ」と記されています。このメリー・ライオンが語った言葉につき動かされて、このセミナリーで育った女性たちが海外布教に行き、それができない者は教会でバザーをやって募金し伝道会社に寄付したりしました。モンゴメリーの『赤毛のアン』はまさにそういう世界を描いています。

儒教的モラルとの融合

一方、日本の女性たちは『メレイライヲン一代記』をアメリカの問題ではなくきわめて身近な物語として読みました。また聖書についても同様に、当時の日本人が身に負っていた儒教的な道徳観に引き寄せて読み、キリスト教を自分の身体に染みついた儒教的なモラルの延長で見ていました。日本で訳された最初の聖書のヨハネ伝（約翰伝）の第一章一節〜五節は、

（1）太初《はじめ》に道《ことば》あり道ハ神と偕《とも》にあり道ハ即ち神なり、（2）この道《ことば》ハ太初に神と偕《とも》に在《あり》き、（3）万物《よろずのもの》これに由《より》て造《つく》らる造《つくら》れたる者に一《ひとつ》として之に由らで造れしハ無《なし》、（4）之に生《いのち》あり此生《このいのち》ハ人の光なり、（5）光は暗《くらき》に照り暗ハ之を暁《さと》らざりき（『引照新約全書　詩篇附』明治二十七年　大日本聖書館）

と記されていますが、「言葉」を「道」という文字で表したところはきわめて重要です。この字のほうが当時の日本人が持っていたモラルに近いはずです。そうしたなかで、人びとは自分たちの身につけていた儒教的な世界よりもキリスト教のほうが内面の規範性として良い、と思いクリスチャンになったのです。

あるいは儒教には「独り慎む」という言葉がありますが、大原幽学は「独り慎む」を農民たちに教えた人です。大原は農村を荒廃から救うためには農民が人間として内的モラルを持つ必要があると考え、幕末に農民の教化運動をやったのです。この独り慎むという教えのなかでキリスト教に惹かれていくものもありました。

東京女子大学を創立した安井哲《てつ》は「独りを慎むと云ふは実に味わうべき言葉であります。ことに廉恥心が次第に減少して誘惑の虜となる人が多い今日、一層深くこの言葉の意味を感じざるを得ません。常に神を認むる者は、我が言行に対して常に責任を感ずる者であり、神に対して責任を感ずる者であります。よく独りを慎む人であります」と語っています。彼女のような人ですら聖書の言葉を、身についていた独り

を慎むという儒教的な内的規範性に重ねて読むことによって、これを女子大の生徒たちに語りかけたのです。そうしたところに日本人のキリスト教の受けとめ方、クリスチャンになった人たちのひとつの姿があったと言えましょう。

マウント・ホリヨークの教育

メリー・ライオンのつくったマウント・ホリヨークの教育は「家族的共同生活を基礎に全生徒の人格の改善、道徳的陶冶、義務に関する見識の啓蒙培養」が基本です。この家族的共同生活を基礎としてというのが、学校の生徒たちは家族であり、寮は家族の場だという発想になるのです。そして、さらに「家事は神の掟が女性に課した義務」。これが、もう一つの姿です。そして、学寮は、家の中を秩序立てるもので、全員が例外なく家族の一員として家事を分担すると言っています。そうしたなかでキリスト教的な愛による連帯と絆が生まれてくるし、また、そうした点において感謝の念で発する無償の奉仕ができ、キリスト教的な愛が生まれる。そしてあなたがたは、それぞれの己の持っている能力に応じた働きを社会にしていくことが信仰の証だ、と説いたのです。

こうした考え方に共鳴してアジア宣教の一員として日本に来たのが、マウント・ホリヨークを出た婦人宣教師のミセス・ツルーでした。彼女は女学雑誌社の第二回女学演説で「善良なる模範の価値」を講演します。

私は此お集りになりました方々に向て一つの問が頻りに起て参りました。即ち婦人各方の大なる目的は何かとの事です。尤も此事は位置を択で申すのではありません。私共は私共の位置アナタ方はアナタ方の位置で位置に於て異る所はありません。斯様なる問に向て妻たるのお方は定めて対へられません。何事も不自由なく暮したいと。（峯尾栄子（田村ゑい）翻訳『女子学院の歴史』）

そして最後に「メレーライヲンの申せし如く己の務を怠り己の為ゞる可らざる事をなさずして送るは尤も大なる苦痛とする婦人もあります。アナタ方は此数々の中に於て孰れを採り何れを模範とせられますか」と言い、我儘で無学な女もいるし、子供の様な馬鹿らしい女もいるし、容貌を華麗にして喜ぶ女もいるし」と延々挙げています。そして最後にメリー・ライオンはこう言っている、という問いかけをして人生の選択をどのようにするかを問います。

この問いかけが響いたのは女性ばかりでなく、内村鑑三は『後世への最大遺物』の中で「常に私の生涯に深い感覚を与える一つの言葉」としてメリー・ライオンのことを述べています。

ここにわれわれのなかに一人アメリカのマサチューセッツ州マウント・ホリヨーク・セミナリーという学校へ行って卒業してきた方がおります。この女学校は古い女学校であります。たいへんよい女学校であります。しかしながらもし私をしてその女学校を評せしむれば、今の教育上ことに知育上においては私はけっしてアメリカ第一等の女学校とは思わない。米国にはたくさんよい女学校がございます。スミス女学校というような大きな学校もあります。またボストンのウェレスレー学校、フィラデルフィアのブリンモアー学校というようなものがございます。けれどもマウント・ホリヨーク・セミナリーという女学校は非常な勢力をもって非常な事業を世界になした女学校であります。何故だといいますと（その女学校はこの節はだいぶよく揃ったそうでありますが、このあいだまでは不整頓の女学校でありました）、それが世界を感化するの勢力を持つにいたった原因は、その学校にはエライ非常な女がおった。その人は立派な物理学の機械に優《まさ》って、立派な天文台に優って、あるいは立派な学者に優って、価値《ねうち》のある魂《たましい》を持っておったメリー・ライオンという女でありました。その生涯をことごとく述べることは今ここではできませぬが、この女史が自分の女生徒に遺言した言葉はわれわれのなかの婦女を励まさねばならぬ、また男子をも励まさねばならぬものである。すなわち私はその女の生涯をたびたび考えてみますに、実に日本の武士のような生涯であります。彼女は実に義侠心に充《み》ち満《み》ちておった女であります。彼女は何というたかというに、彼女の女生徒にこういうた。

他の人の行くことを嫌うところへ行け、
他の人の嫌がることをなせ

これがマウント・ホリヨーク・セミナリーの立った土台石であります。

この「他の人の行くことを嫌うところへ行け、他の人の嫌がることをしろ」は当時の女性たちに励ましの言葉として語られたものでした。

メリー・ライオンに感銘を受けたのは内村ばかりでなく、日本の哲学をつくったといわれる西田幾多郎もその一人でした。西田の『禅の研究』のなかには聖書の言葉がしばしば出てきます。彼の明治三十五（一九〇二）年の二月の日記を見ると『後世への最大遺物』を買って読んでいることが記されていますが、それに触発されたようにメリー・ライオンの伝記を買って「他の人の行くことを嫌うところへ行け、他の人の嫌がることをしろ」とはなかなか言えるものではない、という感想を日記に記しています。『メレイライヲン一代記』はA5判一五〇頁ほどの本ですが、女性のみならずどうやって生きようかと悩んでいる人たちに圧倒的に影響を与えた本だと言えます。また、この本に触発されて学びの場をつくろうとする人を生み出した本でもありました。

三　生きる力を―学びの場―

相次ぐ女学校の開設

そうした点では、当時キリスト教の関係者はさまざまなかたちで女性たちに生きる場、あるいは学びの場を用意しようとしました。たとえば明治十五（一八八二）年に設立されたハリストスの函館正教会女徒親睦会が「裁縫洗濯洗い張り西洋洗濯などを教ゆる一の教場」をつくって「市中の寡婦などに自活の道を与えんことを計」り、裁縫女学校を始めます。当時、女性は家刀自と違って寡婦になると、どのようにして生きるかがきわめてむずかしくなりましたが、それらの寡婦たちに自活の道を与えることを目論んだものでした。そうしたやり方はさまざまなところでみられました。

かかる流れのなかで、加藤俊子が東京の淀橋町角筈に女子独立学校を明治二十二年に開校します。それ以前に貧女教育職業学校（職業女学校）が女子学院に付設されて、午前中は学課、午後には裁縫手芸など寡婦自活への方策を教え、そして作られたものを売って費えにしました。それを加藤は「精神ありて資金乏しき女子を教えて、独立自修の途を立てさするもの」とし、女子独立学校としたのです。加藤俊子は新潟県村上の人ですが、自分の子どもが病気になったときに医療宣教師のパームにて診てもらったことをきっかけに、息子の加藤勝弥とともにパームのもとでクリスチャンになります。やがて息子の勝弥は北越学館をつくり、アメリカから帰ってきた内村鑑三を教頭にしました。内村は宣教師の資金力に頼らない独立自尊の、そして日本の思想を勉強したクリスチャンを育てたいと考えますが、それが物議を醸して組合系の宣教師たちと衝突し、結局、学校を辞めることとなります。

その後、俊子が亡くなると内村は女子独立学校の校長になりますが、募集要項に「整理法は総て家庭組織に依る、手芸並に文芸を懇切に教授す」という広告を出します。その一方で『東京独立雑誌』を発刊します。そして、この学校は基督教主義で自営自給の方法で経営されました。加藤俊子のように六十歳近くなった女性が寡婦のための学校を作るというエネルギーは、やはりメリー・ライオンから出たものと言えます。

前述の竹崎順子も、夫が亡くなった後、明治二十年に六十三歳で受洗し、そして熊本女学会をつくり、その会を熊本英学校附属女学校にしますが、男の発言権が強くなるのを嫌って熊本女学校として独立させました。そのエネルギーも同様のものと考えられます。

また、岡山県の福西志計子《しげこ》は順正女学校をつくります。それ以前に高梁小学校附属裁縫所の教師をやめ私立裁縫所を始めますが、裁縫所だけでは飽き足らなくて裁縫と文学を教える順正女学校をつくったのです。福西は熊本バンド出身の岡山教会の牧師金森通倫によって高梁教会でクリスチャンとなった人です。

高梁教会には松村介石らがいましたが、キリスト教に反感を抱く人たちから石を投げられたりひどい迫害を受けた教会でした。福西は加藤や竹崎と同じように、女性たちに実技を教えながら教養を身につけさせることを試みたのですが、女たちが自活する、あるいは家庭の中で一定の指導力を持つためには何か技を持たなければならないと考え、その方法の一つが裁縫だったのです。

北海道では、東本願寺系の寺も西本願寺系の寺もあるていど落ち着いてくると、裁縫塾から女学校をつくることを考えます。もともと浄土真宗の寺ではたいてい僧侶の妻が裁縫塾を開き、農家の娘たちに教えていました。裁縫は生活のたつきにもなるからです。そうしたものを学校につなげる発想は、キリスト教だけのものではなかったのです。

相田（渡瀬）かめは女子学院の卒業生でしたが、札幌農学校一期生の渡瀬寅次郎と結婚します。夫の渡瀬は旧幕臣の子で、江原素六の沼津兵学校附属小学校で勉強し、第一期生として札幌農学校に入学しました。卒業して水戸中学校や茨城師範の校長なども勤めますが、やがてそれらの立場に縛られるのに嫌気がさし、種子の販売会社である東京興農園をつくります。そして、のちに東京中学院（現関東学院）の初代の校長になります。彼は、一貫して農民たちを豊かにするために農業を大事にしなければならないという思いが強かった人物でした。

かめは夫とともに水戸にいたときに西洋料理の講習をしました。当時、多くの教会ではクッキーやケーキを作ったり西洋料理の講習会をやったりしましたが、教会はいわばカルチャーセンターでもあったのです。町の婦人たちに刺繍や西洋裁縫、さらにはミシンを教えたりすることで町のカルチャーセンターとしての存在感をもちましたが、もう一つはバイブルスクールでした。教会で英語が勉強できる。それゆえ小学校を出て役場の給仕になったような人が、さらに高いところを目指して教会に通ったのです。

東北のほうでは、三浦徹と結婚して盛岡で伝道に従事した三浦（納所）リラがいます。夫の三浦徹は幼児のための雑誌『喜《よろこび》の音《おとずれ》』を出した人物です。彼女も『メレイライヲン一代記』を読んだり人から聞くなかで自分の生きる道を選び出し、同じ女性に対して、たつきの手段として裁縫など自活の方法を説きました。そのように、さまざまなかたちで地の塩的な働きをなした女性が多くいました。

かかる動きのなかで、日本の女子教育の大立者と言われるのが下田歌子です。下田は明治二十年代後半にヨーロッパを視察して女子教育の大事さを知らされ、帰国して実践女学校をつくります。彼女には毀誉褒貶があり、今紫式部と言われるほどに宮中や華族の女性と関わりもしますが、一方ではまさに庶民のための実践をし、彼女の影響下に中国や朝鮮からの女子留学生が多く実践女学校で学びました。

四　「家庭」「ホーム」にこめた思い

家から家庭へ

キリスト教の婦人たちは家刀自的な世界を脱し、新しい家をいかに構築するかを模索するなかで「家庭」という概念を目指します。これは「ホーム」という欧米の概念を翻訳したものですが、「家」から「家庭」への変貌ととらえることができます。

「家庭」という言葉の初出は福沢諭吉が「家庭叢談」で「真に人の賢不肖は、父母家庭の教育次第なりといふも可なり。家庭の教育、謹む可きなり」（「家庭叢談」第九号　明治九年十月）と記したものです。その後、徳富蘇峰も「理想の家庭」と記すようになり、明治二十年代には「家庭」という言葉がさまざまなかたちで語られるようになります。

こうした流れのなかで明治三十五（一九〇二）年、社会主義者の堺利彦が『家庭の新風味』を出版し、家族団欒、あるいは家庭団欒という団欒主義を訴えます。その背景にあるのは食卓が箱膳から卓袱台《ちゃぶだい》に移っていく過程です。従来、日本の家では箱膳が使われ、一人一人の膳の上に食事が盛られていました。それが円形の卓袱台が出てくると、卓上に家族全員の食事が盛られておかずを取り分ける、あるいは鍋を一緒につっつく、そういう風景が出てきます。ほとんどの家が箱膳から卓袱台へ移るにはかなりの時間を要しますが、早い家では大正の初期ぐらいに卓袱台文化になります。戦後になるまで卓袱台を使わない家もあるなど、地域的なアンバランスがありました。

一方、大正期の理想の農村建設運動のなかで出てくるのは、卓袱台ではなくテーブルです。農家ではずっと、朝野良仕事が終わって帰ってくると井戸端で手や足を洗い、それから囲炉裏で食事をとりましたが、これだとかなりの時間の無駄がある。そこで大正期の農家の新しい家の間取りでは、土間にテーブルを置き、帰ってきたら手を洗い土足のまま食べる。そして食事がおわったら土間に足を投げ出して板の間に寝れば、つかの間の休息がすぐとれる。そういう家庭生活が奨励されたのでした。

ホームへの期待―内村鑑三「クリスチャン・ホーム」―

こうした時期、内村はクリスチャン・ホームを盛んに説きました。彼は明治二十一（一八八八）年に「クリスチャン・ホーム」を『女学雑誌』（一二五～一二七号）に掲載し、そのなかでクリスチャン・ホームとは①其家の妻君即ち女王の在ること、②家は誠に奇麗、③倹約、④子供の教育が能く行届いて居る、⑤家に不潔な言葉を使いません、⑥長者を尊敬する、などと挙げ、次のように述べます。

私はホームを作るには一に女王たる所の婦人の見識と料見にあることと思ひます。若し婦人の考に於て我が為す仕事は小さい子供を教育するなどは詰らん公衆の前で演説もしなければならん十分に運動もしなければならんと云ふなれば夫は迚もホームを作りて一家一致の楽みを為すことは出来ません、（略）

彼のメリー、ライヲンの如き一家のことを措て公衆の為めに働かなければならぬ人もあるには相違ない、併し夫れは其人にとつて誠に大切のことで神より命ぜられた所のものです、然れども婦人は百人中の九十人までは世の中の公けの仕事をすることが出来んもので只家の中を修め守らなければならぬ人と思ひます。（略）

願くは愛兄愛姉よ我が日本の国には信者は概ね汽笛とのみなりたがつて笛を吹き太鼓を叩きたがり家の中に在て精神を養ふ所の石炭となる人は誠に少ないではありませんか、或は其機関車が少々くるつては居りませんか、好しくるわないにした所が石炭は何程あつても用は為します。笛はタツタ一ツあれば其外には入りません。願くは我等の兄弟姉妹よ此石炭を以て聖霊の火をもやし世の中の人には見へずとも火の中に入りて灰となり終るにしても其聖霊の気力を全世界に与ふることの出来る基督教会の石炭と為れんことをお勧め申します。

その後、内村は「家庭の建設」（『聖書之研究』三八〜四一号　明治三十六年四月〜六月）とか「家庭と宗教」（明治四十五年三月十七日　上総一宮町婦人会での講演　加納久朗筆記）といった家庭論を書きました。これらのなかで彼が最も重要と考えたことは、家庭の中心にいる女性、すなわち妻たるものが信仰的にしっかりしていることが家庭を秩序立てていくうえで大事であり、ホームは信仰が一致した世界にのみできるものである、ということでした。クリスチャンの世界にしかホームは本来ありえない、というのが内村のきわめて短絡的な家庭論です。家庭がすなわちホームではなく、ホームとは精神の一致がある世界だと内村は言いたかったのです。

「家庭と宗教」は一宮町の婦人会での講演ですが、この講演を筆記した加納久朗《ひさあきら》は内村ときわめて親密に交友のあった子爵加納久宜の長男です。大森の加納家はユニークな家で、召使や下男まで一緒になって週に一度演説会をやるような、最も新しい家庭だと当時の新聞にも紹介されました。内村はその演説会にしばしば呼ばれ、良き家庭について話をしています。内村は貧しいところでも、在郷軍人会や青山連隊でも、自分の話をさせてくれて講演料をくれるところならば、どこでも行って講演をしました。

家庭は精神の絆の場

内村が言う「女王であれ」というのは、家庭を精神的な砦にしていくという内村のホーム論の中心的なテーマでしたが、これは内村ばかりでなく矢内原忠雄にもありました。矢内原は家庭で婦人が聖書をどのように学ぶかについて、毎朝夫と二人で聖句を決めたらその聖句を台所などに貼っておく。夫はその聖句を職場で思い出す。夫人は家事をやりながらそれを何回も読むと自然と覚えて体に入っていく。信仰を理屈ではなく体に刻み込む一つの方法として有効だと語っています。江戸時代の人たちは四歳ぐらいから意味が分からなくても論語の素読をさせられたので、当時の人にはそういう発想で聖書を勉強することに抵抗がなかったのです。内村の聖書の学び方はまさにその流れです。だから彼は神学が嫌いでした。旧来的なモラルの延長のように聖書やキリスト教に接する人たちを、そこからどう転換させるかというとき、こうしたやり方は重要だったと思われます。

だから、牧師もいない、けれど何か信仰に目覚めたという人は『聖書之研究』を購読し、分からないことがあれば内村先生に手紙を出す。そうすると丁寧な返事がもらえる。そして返事のお礼に自分の農園で採れた林檎を送るという世界があったのです。内村はある段階でそうした人びとを一つの共同体としてまとめようとしますが、そうした団体に入ろうともしない「隠れ内村」、「内村宗」が各地に多くいました。それが教会もないようなところにあって生きる命を与えてくれるものでもありました。かかる人びとに内村は『聖書之研究』のなかで、ひたすら家庭とは精神の絆があるところだと説いたのです。

五　「国民」への道

日本の国民を創る

当時の女性たちがなぜ自分の生きる場を求めようとしたか、その背景にあるのは自分たちも国民なのだという意識でした。当時の日本人には、海外からの圧力でいつ潰されるかもしれないような小さな国に生きる自分であれ、そこにいるのはあくまでも国民としての自分だ、という問題意識が強くありました。とくに明治二十年代には徳富蘇峰が『国民之友』や『新日本之青年』でデビューし、やがて『国民新聞』を出すなどするなかで、そうした意識はさらに強いものとなります。

当時の人びとに自分は日本の国民であるといった自覚がどれほどであったかについては、井深梶之助が明治二十七（一八九四）年に横浜で開催されたキリスト教女学校の女性たちの会でなした「社会改良の前途に就いて」という話のなかで、

通常の人は己の生国又は藩あるを知りて、日本国又は日本国民なるものあるを知らざりき。（略）今回の戦争（日清戦争のこと―引用者註）にして我が帝国の大勝利に帰するに於ては、此の国民的精神即ち愛国心の大発達を見るや疑いなし

と語っています。日清戦争まで自分は会津とか薩摩という国は知っていたが、日本国という国は知らなかった。考えてみれば日本国をいま初めて自覚した、と言うように、旧藩意識はあいかわらず強かったので

す。

そうした意味で、日本の国民をつくるのは難しい課題でした。だから「日本語」ではなく「国語」を作ったのです。そして方言札のようなものをを作って方言を撲滅しようとします。そうした動きの一環として主に女性向けにさまざまな「重宝記」がつくられました。これは今で言うマニュアル本です。『大日本国民必携』（明治二十二年）、『男女必携　国民之宝典』（明治二十四年）、『国民必携　懐中博覧』（明治二十六年）、『国民必携　年中宝鑑』（明治二十七年）、『国民必携　日常宝鑑』（明治二十八年）など、厚いものから手軽なものまでいろいろありました。書かれていることはといえば、たとえば『大日本国民必携』（明治二十二年）巻頭見開には「大日本皇城正門二重橋之図」があり、冒頭の「凡例」には、

凡国アレハ必民アリ、已ニ民アレバ政体、法律、及交際上ノ儀式風俗アリ、已ニ政体、法律、交際上ノ儀式風俗等アレバ其ノ国民タル者必之ヲ知悉シテ以テ其国ニ民タルノ分ヲ全ウセザル可カラザルコト已ニ明ナリ、是本書ヲ編纂シテ以テ我ガ日本国民ノ携帯ニ供スル所以ナリ

とあります。

要するに日本国民なら最低限こんなことは知っていなければならない、あるいは女性として最低限こんなことは知っておくべきだ、そういったことが書かれています。まず、国民であるとはどういうことかから始まり、家を買うときにはどんな契約があるか、銀行とはどういうものか、宮城や二重橋はどんなものか、そうしたことまで書いてあります。やがて明治の後半になると、天皇・皇后の写真、さらに皇族や華族の写真が出てきて、天皇という存在が常識として国民のなかに埋め込まれていきます。だから根深いの

です。

さらに婦人たちに、家庭の婦人であるとともに子どもを日本国の国民としてどのように育てるか、という問いかけがなされます。そしてかかる動きのなかで、日露戦争後には国定教科書に「同胞こゝに五千万」として樺太から沖縄まで言葉尽くしで描かれたりして、帝国の臣民、世界の帝国だという意識が国民の心に彫り込まれていくのです。

日本の女子教育を作った女性たち

安井　哲

そうした重荷を持ちながら女子教育の部分において国民育成を行った一人が安井哲です。

安井は下総古河の藩士の娘で、師範学校の教師としてしばらく盛岡にいました。やがて女子教育が始まると、女子に何を教えていいか迷いますが、女子固有の教育としてはやはり家事科が必要と考えます。そしてそれを教える教材を知るために文部省留学生としてイギリスに留学します。しかし、イギリスに行って家事科の授業に接して失望し、文学に魅力を感じ、そしてクリスチャンになって帰ってきます。帰国後、女子高等師範学校の舎監になりますが、クリスチャンとなった彼女は文部省に疎んじられ、文部省も最初の女子留学生である彼女を持て余します。そうしたなかで彼女は、日露戦争前夜の日本にアジアの支援勢力を得るためにアジアの女子教育を支援しようと考え、タイのバンコックの皇后女学校に教師として行きます。タイから帰った後、またイギリスに渡り、帰国。当時の新聞は「安井哲女史は生まれるのが三十年早過ぎた」と書いています。

安井が『久堅町にて』（大正四年）に書いた「青年時代の追懐」では「彼等自身の心の声を聞いて表裏のない行為を続けて居りました」とあり、イギリスで信仰に裏づけられた人間の在り方に目を開かれたことが知られます。彼女はもともと攘夷派で、女子高等師範に附属する小学校に学んだとき、師範附属の小学校や中学がまったく文明開化風の教育を行っていることに強く反発します。そしてイギリスに行く船において教わった英語の教師が、日本は野蛮国だと馬鹿にすることに強い反感を持ちますが、イギリスでさまざまな経験をするうち、イギリスの人びとが持ってる内的モラル性に気づき、それで心の扉を開きます。とはいえ、すぐにはクリスチャンになろうとはしませんでした。同書のなかでこう述懐しています。

能く心身が訓練されて物事を正しく判断する事が出来、且つ又境遇に応じて適当に其身を処置し得るのみか、敏捷に其判断を実行し得る人を云ふのであります。一言で申せば如何なる境遇に置かれても、役に立つ様に其身を行動する事の出来る人を申すのであります。（「真に教育ある婦人」）

イギリス行きの船が最初に香港に着くと、安井らはイギリス人の邸宅に呼ばれますが、日本が日清戦争に勝った後だったので、多くの日本人が自分たちはイギリス人と同等にみられていると思うなかで、安井は自分たちは支那人と同じぐらいにしか見られていない、と醒めた目で見ています。そして旅行記のなかで、イギリスの植民地になっている中国の姿をみて「かゝる要港を空しく英国人の手に与へたる支那人の愚、英人の得意、嗚呼路傍に佇立して恥とせざる豚尾を睥睨して得々然と往来する外人の状に照して明に知り得べし、之れ東洋の一大帝国ア、」と嘆きます。豚尾《とんび》とは支那人の弁髪を揶揄して豚の尻尾と言っているのですが、それに対して「ちゃん〳〵とあなどる我を一つ眼に見下すもの、ありと知らずや」、すなわち自分たちは中国人をチャンチャンと侮っているが、私たちを見下してる目があるのを知らないのか、と記しています。その後タイに行ったとき、そこで植民地タイにいるイギリス紳士たちのひどい姿を目の当たりにし、文明の光と影、信仰者の光と影をみることによって、何が人間を支えるのかという問いに突き当たります。それが安井哲という人を支えた原点です。

安井はイギリスに着いてからは、ひたすら日本とは何だと問い返します。その結果、日本人がなすべきなのは家事科の勉強などではなく、根源的な心の錬磨なのだと気づきます。イギリスにおいてイギリス人の生活をみるなかで、先生から、あなたは真実を言ってるのか、日本人は本当に真実をいえるのかと問われたとき、憤然として日本には武士道があると答えます。そして、本当に心の支えになっているのは何だろうかと自問自答するなかで、あらためて聖書に出会うことによって信仰に入っていきます。そのときでも自分はキリスト教に入信するけれど、あくまでも日本のクリスチャンなのだ、と強く思っています。

安井は帰国して海老名弾正の本郷教会に行き、そして本郷教会で吉野作造が編集する『新人』に対し、『新女界』を編集し啓蒙活動に打ち込みます。そうしたなかで安井は「子供の運命が、母親の力に依つて其大部分を定めらる、事を考へますと、女子には裁縫料理の外に必ず何等かの素養がなければなりません」と言い、さらに「妻のみの時代は短く、母としての時代は非常に長くあります」と言います。

こうしたかたちで彼女は時代のなかにおける女性の在り方を説いたのです。「妻のみの時代は短く母の時代は非常に長」いというなかに、安井がさまざまなかたちで描いてきた彼女なりの女性像があります。

安井が初代学監を務めた東京女子大学は、エディンバラ宣教会議でアジアにおけるキリスト教主義の女子大学を日本につくるという方針に基づき、女子学院高等科を母体に創立されますが、安井の意志に従って、この女子大学には家事科ではなく理科が置かれました。

一方、安井がタイに行った頃、中国の内モンゴルに行ったのが河原操子です。河原は「沈」というコードネームで諜報員として内モンゴル政府を親日派にする任務も帯びており、横川省三というクリスチャンたちが彼女のところをシベリアの興安嶺爆破作戦の前線基地にします。河原自身は内モンゴルの女学校で教えますが、彼女の生徒たちが下田歌子の実践女学校に派遣されました。彼女は結局、商社マンの夫と出会ってニューヨークに行って女子教育に従事しますが、日露戦争における功績で勲章をもらった唯一の女性です。安井哲も一方ではそうした使命を帯びてタイに行くのですが、現地の暑さとそこにいたイギリス人の姿をみて嫌気がさし、日本に帰らないで勉強しなおすと言ってイギリスに行ったのでした。

宮川スミ

東京家政学院の創立者である宮川（大江）スミもイギリスに派遣された一人ですが、彼女は東洋英和女学校の出身です。彼女は安井哲と違い、父親が長崎のグラバー邸に勤めていた商人であるだけに、きわめて素朴な実感派でした。

東洋英和で学ぶうちに、カナダから来ていたマーサ・カートメルという宣教師が語る、自分たちは一人なのに木なのだという言葉に衝撃を受けてクリスチャンになります。彼女自身一人なのに木になろうと思い、二十歳を過ぎてから女子高等師範学校に入ります。そして赴任地は希望して沖縄に行き、沖縄師範学校女子部の教師となって沖縄の風俗改良などに懸命に取り組みます。そうしたなかで、東洋英和の卒業で英語ができるということで、イギリスに派遣されます。イギリスに行くと、日本の応援団をつくらなければならないと思い大使館に演説にいきますが、そこで自分が日本についてなにも知らないことに初めて気づきます。そうしたときに読んだのが大田錦城の『梧窓漫筆』でした。

一方では、パンや料理の作り方、家をいかに衛生的にするかといった実践的な家事を教えるロンドンの衛生検査院で、イギリス家事学を勉強します。イギリスではハイクラスの人は召使の使い方を知っていればいいので、家事科はもっぱら労働者階級とかミドルクラスの人を対象にしたものでした。給料をもらったらたちまち使ってしまって後はパンと水だけ、という労働者の生活を変えさせるために家事管理を教えることから始まったのがイギリスの家事科で、アメリカの家事科とは違うのです。商人の娘である宮川は安井と違い、イギリスで言われたとおりに家事を勉強し、実践修業して日本に帰ります。

帰国して女子高等師範の教授になりますが、彼女の学んできたものは日本に合いません。それで高等官である彼女が三越百貨店に行って包装の仕方を店員に習うとか、精養軒に行って料理を習ったりして、そうした実践実習を日本でもやったのです。

宮川はやがて大江玄寿という、植村正久の富士見町教会にいた陸軍の会計士官の妻になり、富士見町教会員になります。そうしたことからミッションボードが日本にキリスト教系の女子大学をつくるとき、委員はほとんどが宣教師だったなかで、たった四人日本側の委員として安井哲、三谷民子、津田梅子とともに大江スミも選ばれました。スミはやがて女子大に限界を感じて東京家政学院をつくります。この学校には前田多門などが教授陣に名を連ね、リベラル・アーツをやりました。

その後、大正十三（一九二四）年富士見町教会が分裂し、高倉徳太郎のグループが出ていって戸山教会をつくり、それが信濃町教会になります。高倉らは出ていった直後、大江の東京家政学院が会堂になって日曜集会を行いますが、それとともに高倉は東京家政学院の宗教の授業を担当します。大江スミは正しい宗教なき教育は賢い悪魔をつくると言い、宗教の授業を行ったのですが、講堂には「先づ神の国と其の正義を求めよ」という額を掲げました。東京家政学院の同窓会は光塩会と名乗っていますが、これは聖書の「地の塩、世の光」からとったものであり、本来キリスト教的色彩の強い学校でした。同学院の校章はK・V・A（知識・道徳・技術）を組み合わせて作られていますが、東京女子大学に近い発想でできた学校でした。一方、在校生に新入生の制服をつくらせるなど、家事の実践が学校の重要な授業でもありました。学院発足当時、ミッションスクールには入れたくないが仏教くさいのはいやだという中流以上の家庭では、女高師の教授だった大江先生の学校ならキリスト教的であっても大丈夫、と考えて子どもを入学させたと言います。

大江スミは『三ぼう主義』を著していますが、「三ぼう」とは女房・説法・鉄砲のことで、僧侶の大田錦城が言った言葉です。大田は女房・仏法・鉄砲と言っていますが、家を安泰にするのにはしっかりした女房がいて、仏法で心が一つになって、鉄砲、すなわち家の備えがきちんとしていることが肝心、という意味です。大江がこの三つを軸にして日英文化比較を書き、イギリスは何が弱く何が強いかを書き連ねたのが同書と言えます。おそらく日本人が書いた最初の日英文化比較論だと思われますが、このなかの鉄砲とは国防です。彼女はその家政学のなかで、家では主人が総理大臣であるが国を治めるに必須の大蔵大臣は女房であり、それがしっかりして初めて国は治まるのだ、ということを言い続けました。

矢嶋楫子と三谷民子

前述のごとく、徳冨蘆花の姉の矢嶋楫子は女子学院の初代校長を勤めますが、彼女の後に女子学院の校長となった三谷民子が語った「新入生及び其家庭に対し私の希望」という講話のなかに、女子学院の前身である桜井女学校を作った宣教師ミセス・ツルー以来の、なぜ学校で学ぶのかという問いかけがありました。当時の人たちは、男にしても女にしても誰もが国家に対して身近な感覚を持っていました。そしてその感覚にいかに火を点けるかというとき、メリー・ライオン的なものに出合った女性が多くいました。自分は社会や国家に対して何ができるかという問いのなかで、それぞれの生きているさまざまな場での主体的な歩みを模索し、その結果、もう一つの女の居場所である家庭については良き妻、良き母を努めてきました。それは国家の枠組みにおいては良妻賢母というイデオロギーとして説かれますが、むしろそうした考え方を主体的に持つことによって、家庭、あるいは社会において、女としての指導性をそれなりに発揮しようとしたのです。また同等に力あるものや地位あるものは、そうした場所で周囲の同胞たちへの働きかけをなしました。

矢島楫子についても、そうした観点から彼女の社会的軌跡をみていくことが必要ではないかと思われます。現在の学校教育においては良妻賢母という語は、すべて負のイメージで捉えられていますが、当時は女たちが社会のなかでどのように生き、どのような場を占めるのかというテーマについて、それに合う積極的認識をし、主体的な位置づけをどうするかが問われたとき、この問題は避けて通ることのできないものでした。三谷の「あなたがたはピアノを弾ける手で糠味噌を漬けられますか」という問いかけには、そういうテーマが込められていたのです。

内村鑑三は矢島楫子が大正十二（一九二三）年に病気になり、三谷民子に誘われて見舞いに行ったときのことを、

女子学院の三谷民子女史と共に、同学院前校長矢島楫子老女史を大久保の婦人ホームに訪問した。彼女は現代の日本に於ける最大の女丈夫であると思ふ。九十二歳の高齢に達し、身を老病の床に横たへながら尚ほ社会人類の幸福を意ふ。殊に嬉しかつたのは彼女の信仰の鮮明なる事であつた。彼女の乞ひに由り、余は彼女の為に祈つた。要所に至れば彼女は高声にてアーメンと応へた。我等は三回握手を交へて別れた。多分之が余が此世に於て彼女に会ふの最後の機会であらう。今日は意義深き好き訪問を為した事を喜んだ

と記し、またその後亡くなったとき、「朝は故矢島楫子女史の告別式に臨んだ。彼女の偉大なる晴々しき死顔に対し厚き尊敬を表せざるを得なかつた。彼女は日本が生んだ最初の世界的婦人であつた」と日記に書いています。

矢嶋楫子の姉の竹崎順子は、熊本女学校を世話するとき、無学な不束者だから良い教師を頼む、何十人という女生徒は大切な人の子だから一様に見えるように愛していかなければならないと言い、むやみに矯め、歪めをせず自然のままに教育することを願いました。さらに、柔術の教え、いわゆる愛で育てるとい

うのが竹崎順子のやり方でした。決して劇薬を用いず、一人でも屑を出さないように、というのが竹崎順子の教育でしたから、矢島とはかなり違います。蘆花はこの二人の叔母についてこう語ります。

楫子は身を以て日本婦人を宣伝して海外に名を知られ、内には病気危篤の際皇后陛下のお尋ねを忝ふし、社会的名誉の絶頂に立ちました。彼女は自我を押立て型を破つた所謂新しい女の先駆として、着着成功を人目に示しました。竹崎順子が択まれた「女」の順ならば、矢島楫子は「女」の逆を択まれました。順子が表を通れば、楫子は裏を通りました。楫子の勝利は、姉のそれに比してヨリ鮮にさへながめられます。然し順子は為すべきすべてを終へましたが、楫子はまだ終へません。楫子が余命の意味はそこにあります。楫子は「自我」から出発し、ぐんぐん押上つて、その生の頂点近くに来ました。而して最後の一関の前に来て、今楫子は考へて居ます。唯一歩それを越ゆれば、順逆相抱いて一つの大円を描く最後の関であります。楫子の先名は「勝」でした。彼女はこれまで常に周囲に勝って来ました。彼女は唯一つ最後に勝たねばならぬものがあります。それは「自我」です。楫子は己に克たねばなりません。懺悔と低頭、それが彼女に残された最後の課程であります。

ここには蘆花なりの楫子像があります。最後の頭を下げなければならないという言葉は、楫子の亡くなったあとに彼女の不倫を蘆花が暴露した新聞の記事と思われます。

楫子が七十八歳のときにメソジストの宣教師ハリス夫人が亡くなりますが、そのときハリス夫人に宛てて「疾く上り侍らん君を我もまた港を追いゆく天の故郷」という歌を書いた短冊を贈りますが、そうしたなかに楫子なりの信仰の表明があります。矢島楫子、そして竹崎順子という女性の生き方、あるいは蘇峰・蘆花の母親の生き方をみると、当時の生活のなかで家の壁にぶつかりながら、ある意味ではその壁のなかで生きながら、家刀自としての己の生き方を貫きつつ、一方では社会でどう生きるかを必死で探していたことが分かります。

そうしたなかで楫子は婦人矯風会に入っていきますが、楫子の語るものに説得力があったのは、己のさまざまな人生経験、三番目の妻という辛さを耐えてたところに彼女の言葉の存在感があったからだと思われます。矢島や竹崎もやはりメリー・ライオン的なものを全身で自分のものと受けとめ、それをさまざまなかたちで社会に発言した人といえましょう。

第六章　国家と宗教の間で

日本の歴史には大きく分けて開かれた時代と閉ざされた時代があります。先史時代には、メラネシアから流された貝が北海道に流れ着いて噴火湾のなかから発見されることから分かるように、長い時間往来があって開かれた時代だと言えます。

その後、歴史時代になると、天智天皇のときに白村江の合戦で日本が敗北し、朝鮮半島の勢力からの軍事的脅威に備えて北九州の沿岸に水城《みずき》を造り、琵琶湖岸の近江に都を遷すなど、閉ざされた時代になります。その後、天智天皇のあと天武天皇の王朝になると、中国との交流を深くし中国の国家制度に倣って律令政治が始まるなど、開かれた時代が続きます。その最盛期が聖武天皇の時代で、正倉院の宝物にシルクロードとの交流が窺われます。やがてそうした流れは平安時代になると、菅原道真が遣唐使を中止するなど鎖国的な体制に入ります。

その次は、鎌倉時代の後半から室町時代になるとまた大きく開かれた時代になり、十六世紀はキリシタンの時代と言われるほどキリスト教が広がります。そして次が、江戸幕府の鎖国政策により閉ざされた時代。この時代は国内的に見るならば、日本型の文化構造が現出し、幕末に至って綻びを見せ、明治維新でいっぺんに開かれます。

その開いたなかで日本が中心になってアジアを開こうとしたのが、大東亜戦争と称するものです。そしてそれは一時的に鎖国状態を現出し、まもなく敗戦による開国となります。この最終章では、それでは近代日本のキリスト教は、国家との関係においてどのような道をたどったのか、という問題を考えたいと思います。

一般に、近代日本のキリスト教は天皇制に抑圧されて抵抗もできず、あるいは抵抗した人たちは獄中に入った、という話が語られますが、果たしてそうなのか。むしろ想像する以上に、クリスチャンたちは国家に囚われた生き方をしていたのではないか、と思われます。

一　「国家の器」たらん

中村正直の「敬天愛人」

明治の時代、キリスト教を受け入れた人がどういう受け入れ方をしたかを、中村正直に見てみます。

中村はすぐれた儒者で、昌平坂学問所、すなわち徳川幕府の最高の学問所の教授を勤めました。昌平坂学問所の教授というのは、後の帝国大学教授以上の存在でしたが、それでありながら、開国した後イギリスへの留学を幕府に願い出ます。しかし認められず、それで徳川慶喜の息子たちがイギリスに留学するとき、その守り役としてついていくのです。イギリスに行くと小学校に入り、英語の勉強をします。そして幕府が倒れ、日本に帰るとき、親しくなったイギリス人から貰ったジェームズ・ミルのOn Liberty（『自由論』）とサミュエル・スマイルズのSelf-Help（『自助論』）を船中で読みます。

日本に帰ってきて、静岡藩で生活に困窮してひっそりと暮らしている旧幕臣たちを励まそうと、そのSelf-Helpを翻訳します。また静岡藩は静岡学問所（後の財機舎《しずはたしゃ》）を作り、カナダから宣教師のマクドナルドを呼びます。そのマクドナルドは静岡学問所および静岡病院で診療を行いながら聖書の講義をしましたが、そのなかから何人かのクリスチャンが出てきます。

中村はイギリスで聖書を知りますが、そのままクリスチャンになったわけではありません。聖書を読み、そこには彼が学んだ儒教倫理よりも優れた内容があると思い、帰国して「敬天愛人説」を説き、次のように記します。

天者生我者。乃吾父也。人者与吾同為天所生者。乃吾兄弟也。（略）敬天者。徳行之根基也。国多敬天之民。則其国必盛。国少敬天之民。則其国必衰。何謂愛人。（略）曰敬天。故愛人。

西郷隆盛はこの敬天愛人説に影響を受けます。

中村の敬天愛人の基になっているのは、聖書のマタイ福音書二二章三七～三九節です。日本で最も古いヘボン訳の聖書は、この箇所を以下のように訳しています。

耶蘇かれにいひけるハ汝こゝろをつくし精神をつくし智恵をつくし、汝の神なる主を愛すべし。これハ第一にしておほひなるいましめなり。第二もこれにおなじくすなはちわが身のごとく汝の隣を愛すべし。（ヘボン『新約聖書　馬太伝』）

この「敬天愛人」は、明治のクリスチャンたちにとって、きわめて分かりやすいものだったと言えます。後に東北学院を作った押川方義はこの語を「敬神愛人」と直していますが、「敬天愛人」が聖書を理解するうえでひとつの手がかりとされています。旧来のモラルを否定するのではなく、そのなかにあるものを聖書的に解釈するというかたちがとられているのです。名古屋学院の前身となった学校の創立者クラインも、やはり「敬天愛人」をしばしば学生たちに説いています。また同志社を中途退学した永井柳太郎は「敬天愛人、敬神興国」（神を敬うのは国を興すこと）と説くようになります。「敬天愛人」が儒教的な天の論理ではなく、天を神ととらえることによってクリスチャンたちは生きていたのです。

新島襄の思い

新島襄が同志社をつくるうえで大きな力を貸したのが新島夫人八重の兄山本覚馬でした。「同志社大学設立の旨意」は山本覚馬が作文したものですが、それには以下のように記されています。

一国を維持するは、決して二、三英雄の力に非す、実に一国を組織する教育あり、智識あり、品行ある人民の力に拠らざる可からず、是等の人民ハ一国の良心とも謂ふ可き人々なり、而して吾人ハ即ち此の一国の良心とも謂ふ可き人々を養成せんと欲す、（略）苟も立憲政体を百年に維持せんと欲せは、決して区々たる法律制度の上にのみ依頼す可き者に非す、其人民が立憲政体の下に生活し得る資格を養成せざる可らず、而して立憲政体を維持するハ、智識あり、品行あり、自から立ち、自から治むる

の人民たらざれば能はず、果して然らば今日に於て、此の大学を設立するハ、実に国家百年の大計に非ざるなきを得んや

ここには新島が目指したひとつの国家像、国民像があります。新島は市民を作りたかったのです。この市民とは自己統治能力があり、秩序形成能力がある存在だといえましょう。秩序形成能力と自己統治能力がある者を同志社で作ろうとした。だから国家百年の大計なのです。

新島はまた「愛国ノ主意」なる一文に次のように記しています。

愛国ハ乃己レ〔ノ〕名利ヲ不顧、己一身ヲ擲チ、国ノ為人ノ為ニ計ル也

愛国ト申セトモ、ツマリ愛人

日本ノ愛国ハ偏頗ノ所アリ、愛国論ハ時代ニ〔ヨリ〕其趣ヲ替ル事アリ（略）

◉今日ノ急務ハ人ヲシテ人間ノ要道本務ヲ知ラシムルニアリ、然ラハ殖産ノ道立〔チ〕、輸出入平均ヲ得、国勢モ張リ、人権モ展ヘシ（略）

天下ノ有志輩力ヲ協〔セ〕心ヲ一ニシ、真正ノ教育ヲ子弟ニ施シ、彼等ヲシテ人間ノ要道本務ヲ知ラシメ、特ニ純粋ノ愛国心ヲ養生スルニアリ

◉愛国ハ愛人ナリ（略）

愛ハ人ヲ憎マス、人ヲ克容ル、人ノ為己ヲモ棄ツ（略）

偏頗ノ愛国心ヲ打切リ、真正ノ愛国心ヲ養ヒ、道徳主義ノ教育ヲ設、如何セハ最モ国ノ為ニ民ノ為ニナル所ヲ索リ、之ヲ見シ上ハ百折不屈、身ヲ之レ差出シ、且一人シテ足ラス、続々同志ノ者ヲ出来

シ、真正ノ文明ヲ来ス事ハ当時愛国ノ重任ト存ス（『新島襄全集』1）

これは明治二十年代に新島が残したメモですが、こうした人物を養成するのが、同志社にかけた彼の思いでした。「同志ノ者ヲ出来シ（つくって）、真正ノ文明ヲ来ス事ハ当時愛国ノ重任ト存ス」という箇所に、本当の文明とは物質的な文明ではなく、「純良高尚の精神」を持ったものなのだという彼の切なる思いが表れています。

メソジストの麻布教会（現在の鳥居坂教会）が新会堂を作るときの「新築資金募集趣意書」の一部に「国民物質的の進歩と供に純良高尚の精神を養成せん」とありますが、新島が言うような思いは当時のクリスチャンたちのなかに通底してあったものといえましょう。明治の国家には、近代とは単に物質的なものではなくてその精神的な近代を担いうるものはキリスト教だという思いがあったのです。新島は「愛国は愛人」と言っているのですが、やがてそれがいわゆる「愛国心」の問題へと変質していくのです。

二　「愛国心」をめぐる相剋

内村鑑三の不敬事件

沢山保羅は「日本教会費自給論」（明治十六年）を主張し外国ミッションの資金援助に頼らず自給しなければ日本の教会は国民教会にならないと訴えますが、こうした主張は日本の教会のなかに当初から強くあったものでした。宣教師から自立しなければ日本の教会にならないという思いです。

明治二十二（一八八九）年二月に大日本帝国憲法が出され、さらに皇室典範が制定されますが、日本の皇室制度はけっして一気に作られたわけではなく、必要に応じてその都度定められたものでした。たとえば明治天皇が亡くなり御大葬をやるときに最初に閣議が決定した命令は、大喪中に国旗をどう掲げればいいかというもので、それが閣令一号です。その後、内閣府から学校や役所にたいし、どのようなかたちで弔意を表すかという通達が出されます。このように、その都度その都度、制度をつくっているのです。天皇制はしばしば、あたかも昔からあったかのように理解されますが、実際には明治になってヨーロッパのさまざまな制度を真似ながら作られたのです。大正天皇の結婚式にしてもイギリスに行って習ったものに神道色を塗って作ったものだし、大日本帝国憲法も皇室典範もまったく同様です。

大日本帝国憲法と皇室典範が出された翌年に、教育勅語が発布されて全学校に配布されます。詔勅は普通は御名御璽とあるだけですが、第一高等中学校に送られてきた教育勅語には「睦仁」と書かれ御璽が押してあり、天皇自らが署名した特別なもの、宸署でした。これをめぐって起こったのが内村鑑三の不敬事件です。式典の当日、内村以外のクリスチャンの教員はみな休みましたが、内村は迷いながら出席します。そのとき何か危ないという予感があったのか、母教会である札幌教会に退会届を出しています。そして彼は迷いながらも勅語に少し頭を下げますが、その態度が不敬だとされて問題となります。

しかし実態は内村の真意を表したものというより、最敬礼の在り方をめぐる当時の考え方に起因するものと思われます。日本は元来座礼の世界で、座って深々と頭をさげるのが一般的な礼儀でした。そうしたなかで軍隊で立礼が行われるようになり、それが一般にもひろがり、儀礼の場で立って頭を下げるようになりました。座礼から立礼になる過渡期なのです。

ちなみに陸軍礼式が定められるのは明治十四年で、この時の最敬礼の角度は一五度でした。それが明治末年になると相手の目を見て三〇度に腰を折るようになります。おそらく内村の敬礼は少し頭を下げたぐらいのことだったのでしょう。内村としては神を拝むわけじゃない、という思いもあったかもしれません。だが、周囲の人たちは座礼の感覚で頭を下げたので、深々と頭を下げたのでしょう。そうした雰囲気で内村の行動は不敬とみなされたにちがいありません。そのように推測すれば、この事件の真相がみえるように思われます。内村にとって不幸だったのは、当時、彼の授業は第一高等中学校の生徒たちに人気があったということです。そのため仲間の教授たちの嫉妬を買って、いわば狙われたものとも考えられます。

不敬事件をめぐってキリスト教界は二つに割れます。植村正久のように「吾人は新教徒として、万王の王なる基督の肖像にすら礼拝することを好まず。何故に人類の影像を拝すべきの道理ありや」として勅語に敬礼などすべきでないという者と、メソジスト系の平岩愃保《よしやす》が『野生反響』一号に「十月三十日の勅語を読む」と題して「現今徳教の悲況を救ひ、善く君に忠に、父母に孝に、兄弟に友に、夫婦相和し、朋友相信し、愛国の情に篤く、以て祖先の遺風を持続して更に光輝を放たんこと復疑ふべからず」と記したように、教育勅語の内容は全く触れず、たんに人間社会、君臣間の敬礼なのだから問題ではないとする者がいました。とはいえ、内村はこのことによって職場を失い、貧窮時代を過ごさざるを得なくなったのです。

国家主義とキリスト教

こうしたなかで、明治三十二（一八九九）年に文部省訓令一二号により「一般ノ教育ヲシテ宗教ノ外ニ特立セシムル」とされ、キリスト教系の男子学校においては徴兵免除の特典が取り消されることとなり、キリスト教主義をやめるか否かの選択を迫られることとなります。その結果、江原素六が校長だった東洋英和学校のように、ミッション・スクールから普通の私立中学（麻布中学）になった学校もありました。

明治の文明開化とは要するに富国強兵路線であり、近隣諸国を武力で支配し欧米列強型の帝国主義になろうとするものでしたが、明治維新のときにもうひとつ掲げられた理想は（これは西郷の頭のなかにはたしかにあったと思われる）、ある種の王道的な倫理に基づくモラルによる支配ができないかという論理です。そうした論理のなかでキリスト教は存在感をもっていたのですが、この訓令一二号以降、キリスト教界は揺れ動き、さまざまな問題が出てきます。

教会費自給論的な国民教会への思いは、やがて、押川方義のように、

基督教は今や白人によつて其形骸が伝へられてゐるばかりで、精神は既に亡んで居る。仏教の精神が印度支那に於て亡んで独り日本に残つてゐると同じやうに、基督教の精神も亦日本人によつて守護されるのである。日本人は日本人の基督教を樹立せねばならぬ。熾烈なる反白人主義否な非人道排撃主義者である。

という主張ともなります。これは白晳《はくせき》打破と言われますが、アジアから白人を閉め出して解放するのが日本の使命であり、それはキリスト教の使命でもある、というものです。こうした発想のなかで論壇にいた

のが、新島襄の同志社設立の旨意書に手を入れた徳富蘇峰です。

愛国心を国家至上的なものとするか内面的なものとして考えるかという問題において、日本のキリスト教界では国家主義的な側面が強くなり、国家に囚われていきます。そうしたキリスト教界の動きに反発して、多くの若いクリスチャンが教会から離れていきました。キリスト教は社会の器であり平等の器だと考える彼らは、キリスト教から社会主義へと移っていったのです。木下尚江をはじめクリスチャンから社会主義者になったのは多くがそうした人たちでした。番町教会とか麻布教会は当時の社会主義者の新聞でひどく叩かれています。イエスは貧しい者とともにいたのにあの連中は何をしてるのだという批判です。

それは一方で、政府の顕官らハイカラ意識に基づくクリスチャンが多くいたことを示してもいます。教会は社会上流の人士の社交場になってもおり、キリスト教系の学校に子弟を通わせる政府の高官も多くいました。東洋英和女学校などは女子学習院ができるまでは華族女学校と言われるほど、華族の子女が馬車で通っていました。平民社を拠点とする社会主義者たちは、そうした動きに対して強く反発します。そのひとつが木下尚江の『火の柱』です。この小説に登場する教会は麻布教会がモデルと思われますが、あの辺りには華族が多く住み、教会の礼拝には政府の顕官が多く出席していました。

三　「社会の器」をめざし

福音書を社会主義的に読み取った人も多くあり、木下尚江もそうした一人でしたが、キリスト教社会主義者で大逆事件において逮捕され処刑された人もいます。和歌山の新宮教会の大石誠之助がそれで、大石の葬式は植村正久が彼の教会で行いました。大逆事件で処刑された内山愚童《ぐどう》は仏教徒ですが、彼は曹洞宗の宗祖道元は民の救済を考えたのにそうしたことに教団は目を向けないと言い、反発して社会主義者となった人物です。仏教においても、経典を聖書のように読むなかで、社会主義に近づき貧しい民衆の救いのために活動した人たちがいたのです。

そうした点では当時、仏教もキリスト教も神道も似たような動きをしています。たとえば鉄道青年会については、鉄道キリスト教青年会が三浦綾子の『塩狩峠』で知られていますが、仏教の鉄道青年会は西本願寺の築地別院が拠点でした。それほか矯風会、禁酒会、日曜学校、廓清会《かくせいかい》など、仏教でもキリスト教と似た動きがさまざまありました。

そのように聖書を社会正義を担うにたる器ととらえ、それにもとづく社会福祉的な働きが各方面にみられました。皇室はさまざまなかたちで社会救済事業を行いますが、これもそうした動きのひとつとみることができます。キリスト教系の古い社会福祉施設に行くと、皇后や皇族が訪れた記念碑や彼らが記念植樹した木が多くで見られますが、もっとも有名なのは滝乃川学園（現在は北区滝野川から国立市に移っている）です。また皇室、とくに皇后はハンセン病や社会福祉問題に力を注ぎました。

日露戦争のなかで社会主義行商伝道と言われた伝道活動を行った人びともいました。当時、東京の兜町に牛を飼う牧場があって、牛乳売りは小さな箱形の荷車に牛乳瓶を入れて配達しましたが、社会主義キリスト者たちはその箱車にパンフレットを積んで行商してまわりました。彼らは売り始めにまず讃美歌を歌い、それから社会主義の宣伝をしましたが、これが社会主義行商伝道と呼ばれたものです。そうした社会主義行商伝道とともに、群馬県の大久保真次郎のように日露戦争の戦勝を写した写真（これらは時局幻灯と呼ばれた）やナイアガラの滝の写真などを幻灯で見せながら、キリスト教の伝道をした人もありました。

バイブルクラスと農民福音学校

先にも述べましたが、新渡戸稲造が書いた『修養』は日露戦争後、上昇志向を強く持ちながらそれが叶わぬ状況に苦悶する青年たちに強くアピールした本でした。そういう青年たちに教会が用意したのがバイブルクラスです。バイブルクラスに行って英語を身につければ、その英語を武器にしてもう一段上のステータスに行ける。これが、日露戦後から大正にかけて出てきた一つの動きです。そういう雰囲気をよく描いているのが菊池寛の『父帰る』です。『父帰る』の長男は給仕でありながら英語をやることでより上に行こうと、バイブルクラスを目的に教会に来ていたのです。

農民たちへの伝道を図ったのが農民福音学校です。北海道では明治二十年代に始まりますが、冬期学校です。その冬の学校では開拓者に聖書を教えるばかりでなく、農業の知識を与えるというやり方がとられました。このように明治二十年代、とくに三十年代後半から四十年代、大正にかけて、社会教化に乗り出し、キリスト教は社会の器として活動します。

こうした状況のなかでクリスチャンが始めたものとして、島貫兵太夫らの力行会という海外植民の動きもありました。

四　日本へ向ける眼

大国民という幻影―日露戦争の勝利―

日露戦争後の動きのなかで日本に向ける国民の眼差しが大きく変わります。ひとつは日露戦争の勝利により日本は大国民になったのだという意識です。第二期国定教科書についての通達では「世界強国の国民たる名誉を負ふものは、国民としても之に相応する品格を備へざるべからず、我等五千万の同胞は常に大帝国の国民たる思ひ、一言、一行の間にも、大国民の品格を高むる用意のあるべきなり」とされ、「大国民の品格」を持てと説かれます。さらに「勇ましき少女」「辻音楽」といったヨーロッパの題材が教科書に採用される一方、「あいぬの風俗」のように日本のなかにおける異民族の問題、また「台湾より樺太」「樺太より台湾」「韓国の風俗」など、日本の植民地となった地域についてさまざまな形で教えるようにします。要するに大国民の品格といいながら、結局は日本は「同胞こゝに五千万」だと謳い上げるのです。

それらの動きの背景となったのは、日露戦争の勝利による国民の意識の変化でした。すなわち、明治四十三（一九一〇）年に韓国を併合したことで日本は中国を中心にした冊封的な体制から離れていきます。そして「前韓国皇帝を冊して王と為す」と明治天皇の詔勅が出されて、日本がアジアの盟主であるとの感覚が出てきます。さらに天皇は「欧州的帝国」となった日本の皇帝であるというニュアンスに変わり、日本帝国による世界秩序の構築がこのときから目指されます。それがのちの大東亜共栄圏につながっていきます。

韓国併合をみるキリスト者の眼

この韓国併合を当時のキリスト教会はどのように迎えたでしょうか。メソジスト系の新聞『護教』（九九六号）は「そもそも日本は戦勝もしくは征服によりて韓国を併呑したものではない、一に東洋の平和、韓民の安寧幸福を思ふて茲に至つたのである」と言い、韓国併合を韓国民の思いとは別に捉えました。植村正久の系列の『福音新報』（七九二号）は、申命記三二章をもとに「神が此の国民の『祖先等に与へん』と誓はれしものなりと感ぜずんば有らず」と言い、神が約束した土地が韓国なのだという思いを露わにしました。組合系統、同志社系列の『基督教世界』（一四〇八号）は「是れ豈に基督の謂る死して又蘇るの福音にあらずして何ぞや」と言い、日本に併合されて韓国は幸せなのだと言わんばかりです。そしてそのとおりに、組合教会は韓国総督府と一緒になったキリスト教伝道をなし、植村正久の教会も総督府の支援を受けながら韓国伝道を行っていきました。かくて日本のそれぞれの教会が韓国に出かけて行き、すでに同国に入っていた英米系、とくにアメリカ系の教会と対立しながら、布教に取り組みました。

こうした状況にあって内村は「人、若し全世界を獲るとも其霊魂を失はゝ何の益あらんや、若し我領土膨脹して全世界を含有するに至るも我が霊魂を失は、我は奈何にせん、嗚呼我は奈何にせん」と言い、日本の韓国併合に距離感をもっていましたが、彼のような態度は少数派でした。

併合の翌四十四（一九一一）年に、日本基督組合教会は朝鮮人の教化と日本国民化を目指す伝道を開始します。そして大正七（一九一八）年末までに一四九教会と一三六三一人の会員を得ます。そしてこうした動きのなかで韓国は日本の植民地になっていくのですが、日本の植民地になった韓国は、どのようなかたちで自らの信仰的な証をしようとしたのでしょうか。

韓国のキリスト教は日本とちがって、近代になって宣教師がやって来ることで始まったわけではありませんでした。秀吉が朝鮮出兵したころ、貴族（両班《ヤンバン》）たちが中国に行ってキリスト教に接し、聖書を自国に持ち込んだのが初めで、これは韓国西教（カトリック、西の教えの意）と言われました。韓国王朝はこれを弾圧したので信徒は山などに逃れ、それが韓国でシャーマン的なものとキリスト教が習合する要因となりました。その後、近代になってアメリカのミッションが入り、さらにその後に日本が入っていきます。韓国固有の聖書の読み方にはこうした背景があります。

「聖徳」という問いかけ—世界のなかの明治天皇—

明治四十五（一九一二）年に明治天皇が歿するにあたり、七月二十一日には「聖上陛下御重態」という記事が『東京朝日新聞』に載り、列島は平癒祈願の渦に巻き込まれます。各地で皇居に向かって遥拝する、祈祷する、そういう動きがあり、その挙げ句「遥拝」のときは何度ぐらい頭を下げ、どのような姿勢をするかを指南した本までつくられました。

キリスト教会はおしなべて「陛下御平癒」の祈祷会を行いますが、いずれも各派合同でもたれました。結局、七月三十日午前〇時四三分に天皇が亡くなり、黒枠の号外が出されます。そしてこの明治天皇の死によって国民は時代喪失感におおわれます。

明治天皇が歿したときの日本各地の新聞論説を見ると、たとえば「天柱折れて四海暗黒吾人臣民只泣哭の外なきのみ噫万事休す」（『陸奥日報』）とありますが、すべてがこうした調子で書かれ、それほど国民に与えた衝撃の強かったことがうかがわれます。まさに明治天皇の一代が日本の栄光の一代だったのです。イギリスのタイムズの記者は「明治天皇の死とともに、日本の国運は下り坂に向かう」と本国に打電し、徳冨蘆花は自宅から皇居のほうに向かって祈り、そのうち亡くなったと聞いて「ああ吾生涯はこれで終わった」と言います。国全体がそうした思いにつつまれたのでした。

避暑地日光の内村鑑三

明治天皇が歿したとき内村鑑三は避暑で日光に行っていましたが、その日光で「天皇陛下の崩御は哀悼に耐へません、自分の父を喪ひしが如くに感じます、明治時代は其終りに来りつつあります、昼と呼ばれる中に働かうではありませんか」と札幌の友人宮部金吾に書き送っています。さらに『聖書之研究』には「闇中の消息」と題してつぎのように書きます。

申すまでもなく明治天皇陛下の崩御は譬へやうなき悲痛であります、（略）聖書に謂ふ所の日も月も暗くなり、星その光明を失ふとは斯かる状を云ふのであらふと思ひます（約耳書三の十五）、私共は今更らながらに此世の頼みなきを感じます。（略）唯此上は死も敗壊も何の関係なき永久の真理を追求するまでのことであります。

天皇の死を信仰的に受けとめているほどに痛切な思いがつづられており、不敬事件で苦渋を味わった内村にしてこうした明治天皇像を抱いていたことに、時代を感じさせられます。

植村正久の轜車奉送

植村は明治天皇の葬列が行くときの思いを「国民は明夕を以て青山の祭場に、明治天皇の御遺骸を奉送せんとす。基督者は当日其の教会堂に参集して之が為めに礼拝を行ひ、皇室の為め国民の為めに祈りを捧ぐること」と『福音新報』に書きました。これはおそらく当時のキリスト教界全体の偽らざる思いだったと思われます。だからこそキリスト教会は寺や神社よりも早くから天長節礼拝を行ったし、その後には明治節礼拝も行いました。国家祭礼を最も理解したのはクリスチャンだったのです。

明治天皇を顕彰しようと行われたのが、明治神宮および外苑の絵画館建設です。全国の青年団が動員されて外苑がつくられ、その中心施設である聖徳記念絵画館には、明治天皇の一代を当代の最高の日本画家と洋画家が描いた絵画が飾られました。それぞれの絵を描かせる費用を負担したのは、たとえば「日露役奉天戦」は南満洲鉄道株式会社であり、「台湾鎮定」は台湾総督府という具合でした。

明治天皇が死んだ後、天長節は十一月三日でなく大正天皇の誕生日（八月三十一日）に移ります。七月三十日が明治天皇を顕彰する先帝祭になり、さらに昭和になると明治天皇の誕生日の十一月三日が明治節（戦後は文化の日）になりました。明治節を制定したとき、文部省は明治天皇が赴いた場所を聖蹟にします。たとえば東京の京王線沿線にある聖蹟桜ヶ丘は明治天皇がウサギ狩りを行ったところでした。このように天皇の聖化が始まってくるのです。

内村鑑三の日本

内村鑑三は大正十四（一九二五）年の日記に次のように記しています。

異国《ことくに》のいかなる教入り来るも　とかすはやがて大御国ぶり

実に御大作と称し奉らざるを得ない。実に陛下の仰せ通りである。斯かる偉大なる皇后陛下を日本国に賜はりしことを神に感謝せざるを得ない。基督教も日本に入り来りて西洋人の宗教としては存らない。必ずや日本人のとかす（消化する）所となり、「大御国ぶり」を発揮するであらう。然り既に幾分なりと発揮したりと信ずる。まことに有難き次第である。

最初の歌は皇后節子（貞明皇后）のものですが、内村は信仰とはかかる大御国ぶりを発揮するものであって、それらの動きはまさに皇后のこの歌に呼応するものだと言うのです。まぎれもなく国家に呪縛されていることを示しています。国民教会をつくろうという彼の動きのなかでこのことを考えると、要するに信仰とは国家のための信仰なのです。それを内面的なものと捉えるか外面的なものと捉えるかによって、キリスチャンの在り方が分かれますが、少なくとも戦後の日本キリスト教史に書かれているような、キリスト教信仰が天皇制と対立するようなものではなくて、きわめてのめりこんでいたのです。そうした意味では、キリスト教信仰が日本主義とか国体と言われるものと、どう向き合うかが問われなければならないでしょう。

五　「日本主義」「国体」に向き合い

「国体」の登場

日露戦争後の大正時代に出てくる青年の姿を「殁国是」あるいは「国家的殁理想」「国民的殁志望」という言い方で描いたのが徳富蘇峰です。それまでは欧米の植民地から脱皮して世界の一等国に伍そうというのが最大の課題だったのですが、日露戦争に勝って取りあえず課題を達成すると、青年たちには国家目標が見えなくなってしまったところがありました。蘇峰はそれを殁理想と捉えたのですが、その一方で日本魂とか、国体の体現、忠君愛国といったかたちで己の存在の場を示そうとする流れが出てきます。

国体とは何かといえば、大正十（一九二一）年に『国体論史』なる書が内務省神社局の編纂で出されます。そこには「抑も国体とは如何なる意味なりや、予は『一国が国家として存立する状態なり』と云はんと欲す、（略）我国家の社会的成因が吾万世一系の皇位を肯定し、其他を否認するものなり」とあります。

これによれば、「万世一系の皇統」に国体の原点があるということです。「天壌無窮の神勅」とは天照大神からずっと譲られてきた神勅という意味ですが、「只其事実を表明せるものに過ぎず」、すなわち国体を擁護するものであればその真偽は問わない、ということで、それが日本の国体論の真相です。

日本人の愛国心―排外愛国主義を自覚していたか―

時代の波に揺り動かされ、日本の国はどうなるのかという行き詰まり状況にあって出現するのが愛国心ですが、その「愛国心」は新島襄的な愛国心ではありません。逆にいえば、日本のクリスチャンたちは、教会費自給論にはじまり宣教師の束縛から離れるという思いとともに出てきたものが、やがて排外愛国主義になることを自覚していたかどうかです。

これは宣教師たちにとっては驚くべき愛国心だと思われました。東北学院の副院長を勤めたホーイは明治二十四（一八九一）年六月六日付けの書簡に「彼ら（日本人―引用者註）の『愛国心』なるものは確かに病的であって、（略）『わが国』というかの病的な一句は、『われらの父なる神の御国』よりも、もっと包括的だというのでしょうか」と記しています。

このことに気づいたのは宣教師だけではありませんでした。この病的な「愛国心」は労働運動に打ち込む共産主義者たちにも見られました。大正十一（一九二二）年に上海でコミンテルン主催の極東民族大会が開かれます。この大会ではアジアの労働者の連帯がテーマのひとつでしたが、大会に出席した日本の共産党員たちは韓国の解放などには一切興味を示していないのです。韓国の民族解放は日本に革命が起これば自然的に達成されるのだから、日本の革命だけを問題にすればいい、というのが彼らの姿でしたが、その姿を見てコミンテルンの本部は、これを「母乳とともに飲みこんできた愛国心」と評したのです。日本のコミュニストが世界に頭が行かないのをこのように揶揄したのです。

この「母乳とともに飲みこんだ愛国心」に侵されたクリスチャンたちが、日本にはたくさんいました。そうしたなかで、国家全体としては日本基督教団にまとまっていかなければならないとき、あるいは各教会はどうするかという問題のとき、かなり多くの人が、ある種の抵抗感覚をもちながらも教団に入っていきました。

昭和十（一九三五）年に御殿場の東山荘で開かれた日本基督教会修養会で、教団に入るかどうかが議論されたとき、北海道の小野村林蔵はすぐれた問題提起をなします。小野村は北海道キリスト教史において重要な人物で、初め佐渡の佐和田にある教会の牧師をしていましたが、やがて札幌の北一条教会に行き、この教会が軸になって北海道では多くの教会が教団から分離し、日本基督教会（新日基）を形成します。このときの演説の原稿には多くのバツが付けられて字が読めないようになっています。

日本民族は祖先を同じうし、皇室を中心として綜合的な一大家族×××―綜合家族制度の国×××日本主義を強調する国家観×××日本国民が暗々裡に国家及び皇室に対して抱いてゐる共通の信念×××日本国民の国体観の中心×××明治二十八年以後、綜合家族主義の強調は、二千五百万のサマリヤ人を日本国内に作り出す事になりはしまいかと我等は恐れる。

演説の意味するところは綜合家族主義への批判です。「明治二十八年以後」というのは台湾併合のことです。要するにそれまでの日本は万世一系の皇統のもとに大きな家族を形成していたが、台湾や朝鮮を併合し、やがて満州をも併合するなかで、その人たちを綜合家族主義のなかに入れることができるのか。これは台湾や朝鮮の人たちを日本国内のサマリア人にしようとしているのじゃないか。一視同仁というかたちで台湾や朝鮮の人たちを本当に日本臣民にしようとしているのか、果たしてそれでいいのか、という問いかけをしているのです。暗黙に当時の国家の在り方、国体論に強調される当時の動きを、痛烈に批判をしているのです。

『北海道キリスト教史』の著者は小野村も戦争中は官憲に屈服したと書き、小野村それには激怒したと言われます。しかし、短絡的に国家に屈服したと批判するのではなく、状況のなかで自分の信仰的立場をどう表明するかという意味では、小野村のこの演説は当時にあっては大変なものだった、と言えましょう。

当時どういう動きがあったかというと、昭和十年八月に国体明徴に関する声明が、十月に第二次国体明徴声明が出ます。十二年十二月四日には矢内原忠雄が東京帝大を退官。そして十五年に皇紀二六〇〇年の全国基督教信徒大会が青山学院で開かれ、十六年六月には日本基督教団の創立総会が開催されました。日本基督教団の創立に至る問題は、天皇制に屈服した云々という論理ではなく、そのなかで内的に信仰の問題がどう問われたかが問題なのですが、それについての検証は未だになされていません。

矢内原忠雄の軌跡

矢内原忠雄は昭和十一（一九三六）年二月二十六日に、「『亡びよ！』との絶叫が、潮の寄せるが如くに響いて来る。（略）私は何はともあれ、宮城の前に出向いた。陛下の御心配を御見舞ひ申したいやうな心で一杯であつた」と記しています。日本の植民政策などに鋭い批判的な眼をもち、日本の国の在り方に批判的であった矢内原が、二・二六事件の危機のとき「陛下の御心配を御見舞ひ申したい」と言って皇居の前に出向くのです。

矢内原は一方、昭和十二年十月の藤井武の第七周年記念講演会で「日本の理想を生かす為めに、一先づ此の国を葬つて下さい」と語りました。これが致命傷になって彼は大学を辞めるのですが、辞めたあとは「ひたむきに国を思ひて歩みしが到れる見ればこれの荒野か」という思いながら、『嘉信』を砦にして一人信仰の戦いをします。そして、矢内原がこうしたなかで見つけた大事なことは、昭和十五年八月から九月の朝鮮伝道旅行でした。

このとき矢内原は朝鮮でロマ書の講義をします。ロマ書はネロのもとに迫害されるローマのクリスチャンにパウロが送ったメッセージですから、そこには朝鮮の人たちに対する強いメッセージが込められています。朝鮮のキリスト者の聖書の読み方の特徴のひとつは、出エジプト記にたいする強い思い入れです。出エジプト記は奴隷化されていたイスラエルの民がエジプトを出る話ですが、いわば奴隷化された思いに生きる朝鮮の民は、まさにイスラエルの民に自らをなぞらえて日本帝国主義からの脱出を思って出エジプト記を読んだのです。アイヌのクリスチャン、バチェラー八重子も出エジプト記を特別な思いで読み、アイヌの同胞（ウタリ）たちに、出エジプト記の思いを思いとしなければならない、と語っています。八重子は宮中歌会の御題に合わせて歌を詠みますが、心のなかでは常に抑圧された民の子という思いをもっていたのです。

昭和十六年に大東亜戦争が始まると、矢内原は翌十七年二月十一日、紀元節の日に大阪でヨハネ黙示録の講義をし、第七章のラッパのところでは「地を滅ぼす者どもが滅ぼされる時がきた」というメッセージを語ります。こうしたメッセージを発しながら、一方では教会の在り方を問題にしています。この年は、二月十五日にシンガポールが陥落、三月八日にラングーンが陥落、四月十一日にバターン半島占領、そして六月のミッドウエー海戦敗北で完全に戦況が変わり、やがてガダルカナルの敗北へ向かう。まさにこういう時期に矢内原の鋭い信仰的直観は、ヨハネ黙示録を講義することで人びとに何かを伝えようとしたのです。

「日本基督教」という語り方

しかし当時の日本のキリスト教界全体はといえば、そういう読みかたはしませんでした。たとえば昭和十七（一九四二）年に海老沢亮（この人は戦後に日本キリスト教団の主要な幹部となる）が書いた『大東亜建設と日本基督教』では「八紘為宇の理想、（略）世界を一家とし人類を兄弟とする、基督の神の国と同意義」「必勝の信念を以て戦ふ無敵皇軍の後ろには、新秩序必成の確信を以て戦ふ霊界の戦士が、その後続部隊」とあって、その後続部隊は我々だというのです。

こうした言い方に出会うと戦後派のクリスチャンは笑います。しかし彼らはこれを本気で言っていたのです。戦後に同志社大学の神学部教授となった魚木忠一は、ベルリン学派のトレルチを最も早く受け入れた人ですが、彼が昭和十八年に書いた『日本基督教の性格』という、教団がつくった教学叢書の第一輯では、以下のように述べて日本基督教の神学的な基礎づけをなし、その性格は臣民の道だとしています。

　日本基督教が日本基督教であつて、他に見られない存在（略）第一の根拠は、聖書の特殊な理解の仕方（略）神儒仏諸教によつて育成されたわが国民精神の伝統の光に於て之を読んだことに特色がある。かういふ風に聖書を読んだものは東亜以外にあり得ず、東亜に於ても日本の外にはない（略）〔だから〕日本基督教は独特なものであると評することが出来るであらう。

「臣民の道」というのは文部省の教科書に出てくる語ですが、魚木は臣道の実践として次のように続けます。
①「僕神《しもべ》としての基督」（マタイ二〇章二六～二七節、ピリピ二章一～一一節、ペテロ前書二章二四節）。職域奉公と産業報国にクリスチャンとして励め。
②「孝道」。忠孝信が一如となり、キリスト教は「孝行宗教」であって、「日本基督教は孝道の美風の涵養に資す」。
③「国土愛」。富士は「わが国土の優秀を象徴」「日本精神を持つわが国基督教は、新しい国土的環境を大東亜皇化圏として精神的に堅固ならしめる最適任者」。
④「職域奉公」。基督者にとり職業は天職、召命の業。
⑤「召命即報国」。大東亜建設は道義世界の建設を目ざす聖業（略）聖業への翼賛、「隣人への奉仕」は「親心の域に達し」、大東亜建設の聖業の完遂、皇化圏内の民の化導に親心の発動を覚ゆるものが日本基督教徒。

これは魚木が時局に迎合して書いたわけではなく、彼自身が理解するところを記したものです。彼はまた『日本基督教の精神的伝統』のなかでは、海老名弾正が言う「天之御中主《アメノミナカヌシ》はエホバの神である」という考えに沿って日本のキリスト教の精神を書いています。

また、明治四十二（一九〇九）年に創刊された超教派の神学研究の雑誌『神学研究』には井深梶之助、石川角次郎（ディサイプルス）、千葉勇五郎（バプテスト）、小崎弘道、元田作之進（聖公会）など各教派の代表的人物が書き、バルトやブルンナーの紹介論文が掲載されていますが、それと同時に「忠孝の活機」（片山幽吉）という論文も載っています。

この論文は大正十二（一九二三）年のものです。日本には大和心、日本魂があり、忠孝の思想だが、バイブルはまさに忠孝の教えの本である。一身一家一君一国一世界がバイブルの世界なのだが、日本の孝道は日本民族の世界にまたがる家族主義だから首尾一貫して忠孝道である。そして「博愛及衆安万生、玉砕十字桜花髄」、すなわちイエスが十字架にかかるのは玉砕だというのです。こういう論文が大手を振って大正時代の神学研究の雑誌に入っています。そしてそういう信仰の中心にあるのはナザレの田舎男、耶蘇基督の純真なる犠牲の十字架だと言います。犠牲の十字架を志士が大義の犠牲になるような感覚で語っているのです。

また昭和九（一九三四）年の「日本礼拝学の革新」（尾嶋真治）なる論文では、日本の礼拝は英米型の礼拝なのでよろしくない、もっと日本を入れていることが大事である。日本は大方経済的な独立を為し得ても思想上の自由はまだ得ていない。これからは祈祷も祝詞《のりと》型にしなければいけないと言い、新年の祈りの例として「かけまくも畏き神耶蘇基督の大前にかしこみかしこみ申」す云々と記すのです。さらに「キリストを人に教へしカルヴヰニをキリストよりも人に教ふる」という道歌を作って日本の神学校を攻撃したり、「外国《とつくに》のエニシダの花咲見ればやまとことのは云はぬ色なり」「道と云ふ道のすべては世に出でて天降りたる道は此の道」などと書いたりしています。「天降りたる」というのはイエスの道を天降りたる、と言っているのです。

彼らはまた、日本の神代史から見た国体を説きながら、それをいかにキリスト教と調和させるかを問題にしています。それはやがて「主エスに悟る現人神の　神にまめなる道こそ高けれ　此のうちにあり道を知る邦」という歌になり、終いには日本は世界に冠たる基督の国だというまでになります。これが「日本基督教」というかたちで出てきたものです。

日本のキリスト教と国体論的世界

戦前の讃美歌には「祖国」という項目があるものがあり、そのなかには「我が大和の国を守り　荒ぶる風を鎮め　世々安けく治めたまへ　わが神」「我が愛する国を恵み　険しき波立たせで　常《とこ》しなへに清めたまへ　わが神」といった歌がありました。やがてこの「神」は「天皇」になります。あるいは「天津神座にましまして　地にある国を統べたまふ　主の大前に御恵みと　御稜威畏み伏しをがむ　心に言葉に溢るる喜び　如何につつむべき」という歌もあります。こうした讃美歌も当時のひとつの動きです。またロマ書一〇章一節からとられた「兄弟は我が心の願い　神に対する祈りは　彼等の救われんことなり」や、

「四方の境に波風立たず　国内《くぬち》安けく田畑は実り　都も鄙も賑はせたまへ」という歌もあります。これらの讃美歌には日本の国家の枠組、あるいは「天皇の国」に対するきわめて強いシンパシーが窺えます。そしてこのことが、「教会は国家の器」という基督教愛国になり、さらに「敬神尊王」となってくるのです。また、麻布教会の昭和十（一九三五）年の紀元節礼拝の記録には、ロマ書一三章一節をもとに「我らが奉戴する天皇はこれ神の権威をもて我らに臨み給ふことも亦かく聖書によりて示さる、もの」「敬神と忠君は一にして二にあらず」「吾人の忠君愛国は信神によりて実現し、敬神は最上の忠君愛国の道」などとあります。

讃美歌の「祖国」にみられるように、日本のナショナリズムは国体論的な世界であり、天皇という言葉に囚われるなかで自由でない存在だったのが、あの時代の日本のクリスチャンのほとんどだったのではないかと思われます。主婦之友社社長の石川武美は海老名弾正の教会で洗礼を受けた人ですが、「伊勢神宮に参拝できないようなクリスチャンは日本のクリスチャンじゃない」と言い、正月には必ず伊勢神宮に参拝していました。そうしたところからみると、日本のクリスチャンは国民教会をつくろうとしながら、結局は国体論的な世界にほとんどが流れていったように思われます。その結果、教会の在り方を批判する人たちはみな教会から出て社会主義者になっていったのです。

おわりに――「私」が主語となって歴史を語る――

前述したように、日本とはどういう国かを書いたもっとも優れた論説は、河上肇の「日本独特の国家主義」(『中央公論』明治四十四年)だと思われますが、彼は西洋は天賦人権・民賦国権で人格・民主国だが日本は国賦人権・天賦国権の国、国権・国主国だと言います。この問題にどれほどの日本のクリスチャンが気づいていたのか。それは、この時代に向き合うクリスチャンの場、キリスト者たる場はどこにあったのか、という問題だと言えます。たしかに日本のキリスト教界は最先端の神学思想を受けとめました。バルトやブルンナーを世界のなかで最も早く受け入れたのは日本でした。高倉徳太郎などはその最先端を行った人で、学生たちに高い人気がありました。しかし、そのメッセージはなぜ血肉化されないのか。これは時代に向き合うキリスト者としての問題はどこにあるのか、ということです。

そうしたなかで、内村鑑三や矢内原忠雄など何人かの人たちは「私」が主語となって、時代や聖書と向き合いました。しかし現実には、多くの日本人は主語が「私」になっているのです。主語が「私」になっているというのは、バルトが「私」になり、ブルンナーが「私」になっているのです。日本という国は、「私」が主語となって時代と向き合うことがほとんどできない。本来、キリスト者の在り方は、「私」が主語となって、私が聖書をどう読むかというところにあるはずですが、それができないので、結局は時代の言葉を主語にしてしか聖書を読めなくなってしまっているのです。

日本基督教団が戦後、鈴木正久議長のときに戦争責任告白を総会の決議にしようとしました。ところが戦後派と戦中派で意見が全く異なりました。あの時期、年を取った人たちはあの戦争責任告白は許せなかったのです。麻布教会の後身である鳥居坂教会の牧師だった浜崎次郎は、戦時中、南方布教に行きますが、南方布教に行ったのはまさに彼なりの信仰的決断によるもので、白人のキリスト教からアジアを解放するのだ、という思いで行っているのです。そして戦後それらを全否定されたとき、彼には生きる場がないのです。

そして、未だに教団ではその問題に答えが出されていません。明治期、キリスト教が国家に取りこまれていく過程で、それに反発した若い人は社会主義に趨りましたが、彼らはその時代の政治的課題を神学的課題に置き換えました。だから戦後で言うなれば、戦後民主主義だとか平和憲法といった戦後の政治的課題を自分の信仰告白みたいに思うから、そう捉える人とそうでない人の間にはげしい亀裂が生じたのです。ようするに「私」が主語でないという問題なのです。

日本のキリスト教が抱える問題はまさにそれでありましょう。「文明」を主語にして、その文明の宗教がキリスト教だと考えて信者になるから、文明化した国家の枠組のなかでしか自分を捉えることができませんでした。そして最先端の神学を受け入れてメッセージを発しているから、つねに状況に流されてきたのだと言えます。

とはいえ、「私」が主語となって歴史を、時代を語るのは難しいことです。日本の歴史の全体構造を見ると、「私」は奉仕の歴史だと言えましょう。古く古代の『六国史』はいかに天皇に奉仕したかという歴史を記したものだし、その次の『吾妻鏡』は鎌倉の御家人たちがいかに将軍や北条家に奉仕したかという歴史であり、『徳川実紀』は旗本たちがいかに徳川家に奉仕したかという歴史です。そして、結局、今の日本の歴史の構造は大和王権の歴史観のなかで動いているので、その歴史を読み直すという発想がありません。ですが、日本のキリスト教とは何なのかを考えるには、やはり「私」が主語となって読み解いていくことが必要であり、日本においてキリスト者はどういう存在だったのか、そして国家に囚われながら国家を相対的にどう見ていたのかが、いま問われるのだと思います。

あとがき

本書は、夫の大濱徹也が、東京千代田区にある女子学院同窓会の日本史講座・日本史を学ぶ会において、二〇一二年五月から翌年三月まで行った「日本のキリスト教」と題する六回の講演をもとに一冊の本としてまとめたものです。

大濱は本年二月九日、札幌において急逝いたしました。それより以前、講演のテープを起こし、同成社の山脇さんの手によって重複部分をカットするなど修正されたものが手許に届けられており、長いこと机の上に置かれていました。その原稿の束を時折パラパラとめくっては、「早く手を入れなくちゃなー」と呟いておりましたが、原稿作成や手直しまでに人一倍長い助走を要する人でしたので、ようやくその作業にとりかかったのは、昨年も暮れ近くになってからでした。それから一カ月ほどたった日、帰らぬ人となってしまいました。

夫は亡くなるまで日本近代史を中心に歴史研究をつづけてまいりました。特に強く関心を抱いて追究したテーマは、宗教・軍隊・天皇であったようです。日々の暮らしのなかで、膨大な数の書物に囲まれながら、教え子の方々に「歴史というのは『私が読み解く世界』であり、自分の知力で時代を再構成していくことが何よりも求められる」、「自らの眼で時代を読み直すという作法を身につけ、その土地に生きる自分たちの歴史を問い質すことが必要」と語っていたように思います。

熱心なキリスト教徒だった父大濱亮一の意志によって幼児洗礼を授けられ、きびしい信仰教育を受けた夫は、札幌に来るまでは日曜日毎に教会の礼拝に出席するということもなく、聖書を「生命《いのち》の書」として読むといったものでもなかったかもしれません。しかし少なくとも私より熱心に聖書を読み込んでおりました。大濱にとってキリスト教は生涯をつらぬく重いテーマのひとつであり、教会史やキリスト教にかかわる人物に関する著作をいくつか遺しもしました。本書もそのひとつということになります。

なお、大濱のキリスト教関連の蔵書は、生前の意向にそって一括で引き受けてくださるところを探しましたところ、立教大学立教学院史資料センターがすべてを引きとってくださることとなり、この夏以降、数度にわけて一万点ほどの書籍類を寄贈させていただきました。首席編纂員の大江満さんはじめ、センタースタッフの方々には移管の手続きはじめ整理など、今もお手を煩わせておりますが、夫も希望がかない何よりも喜んでいることと思います。大学図書館の本の破棄が日常化するような時代において、大濱の蔵書をお引き受けくださった立教学院史資料センターに、この場をお借りし篤くお礼申し上げます。

また、本書を世に出すにあたって、多大な労をいとわず本の製作に関わってくださった同成社の元社長山脇洋亮さんの、大濱への変わらぬご厚情に深くお礼を申し上げたいと思います。さらに出版事情の厳しいなか本書の刊行を引受けてくださった同成社社長の佐藤涼子さんはじめ、同社の皆さまにもお礼申し上げます。そして、本書の校閲をしてくださった村田文江さん、黒井茂さん、郡司美枝さんに感謝申し上げげます。

ます。

最後になりましたが、去る二月十三日に日本基督教団札幌教会で行われた大濱の葬式に、雪の積もるなかご参列くださった皆さま、また司式をご担当いただいた牧師の米倉美佐男先生、式の進行を裏方で支えてくださった教会の礼典委員の方々、事務の方々、受付などをお手伝いくださった各方面の方々に感謝申し上げます。さらに、四月三日、女子学院の講堂で行われた「偲ぶ会」開催にあたり、大濱が『女子学院の歴史』を執筆したというご縁で会場をお貸しくださった女子学院に篤く御礼申し上げます。会の発起人・実行委員会事務局やお手伝いくださった方々、「逝去者記念の式」を司式くださった門脇光禅先生、ご挨拶いただいた大濱知己の諸先生方、スピーチくださった教え子の方々、そして、新年度早々の平日にもかかわらず駆けつけご出席くださった多くの皆さま方に、改めてお礼申し上げる次第でございます。ありがとうございました。

二〇一九年十二月八日

大濱徹也の八十二回目の誕生日、札幌にて

大濱良代

近代《きんだい》日本《にほん》とキリスト教《きょう》

■著者略歴■
大濱徹也（おおはま・てつや）
1937年　山口県に生まれる
1961年　東京教育大学文学部卒業
2019年　逝去
筑波大学名誉教授　文学博士
主要著書　『乃木希典』『明治の墓標』『大江スミ先生』『天皇の軍隊』『兵士』『明治キリスト教会史の研究』『女子学院の歴史』『鳥居坂教会百年史』『ひとひらの雪として』『日本人と戦争』『講談 日本通史』『アーカイブズへの眼』『天皇と日本の近代』

2019年12月８日発行
著　者　大　濱　徹　也
発行者　山　脇　由　紀　子
組　版　㈱富士デザイン
印　刷　モリモト印刷㈱
製　本　協　栄　製　本　㈱

発行所　東京都千代田区飯田橋４－４－８
（〒102-0072）東京中央ビル内
TEL　03-3239-1467　振替00140-0-20618
㈱同　成　社

ISBN978-4-88621-834-6 C1021

同成社の大濱徹也関係書

◎近代日本の虚像と実像

〈対談〉山本七平×大濱徹也　1984年

〈主な内容〉

Ⅰ　日本の知識人　Ⅱ　日本人と宗教　Ⅲ　日本人と軍隊

Ⅳ　欧化主義と日本の近代

◎帝国陸海軍事典

大濱徹也・小沢郁郎編　1984年（改訂版　1995年）

◎日露戦争従軍将兵の手紙

大濱徹也監修・済々黌日露戦役記念帖編集委員会編　2001年

◎講談日本通史

大濱徹也著　2005年（改訂版　2018年）

◎天皇と日本の近代

大濱徹也著　2010年

◎あるハンセン病キリスト者の生涯と祈り

―北島青葉『神の国をめざして』が語る世界―

小林慧子著　2015年

解題「神の国をめざして」が問いかける世界

―実験としての信仰の軌跡―（大濱徹也）

◎メレイライヲン一代記を読む

川上律子・杉村みどり編著　2017年

一冊の本―『メレイライヲン一代記』に寄せて―（大濱徹也）

◎**改訂版　つらい真実**―虚構の特攻隊神話―　小沢郁郎著　2018年

『つらい真実―虚構の特攻隊神話―改訂版』によせて（大濱徹也）